1. Auflage

© 2024 kleineheimat Verlag, Tegernsee
Gschwandlerweg 4; 83684 Tegernsee
Telefon: 0 80 22 / 188 41 41

Druck: Mayr Miesbach GmbH
Umschlaggestaltung: Daniel J. Glasl, Tegernsee
Lektorat: Thomas Schubert, München

ISBN 978-3-9824995-3-6

www.kleineheimat.bayern

MARIA VON WELSER

AUFGEBEN WAR NIE

LETZTE GESPRÄCHE MIT DR. LORE MARIA PESCHEL-GUTZEIT

kleineheimat
VERLAG

Zur Autorin

Maria von Welser

Die Autorin dieses Interview-Buches war eine der ersten Journalistinnen in Deutschland, die zunächst für Zeitungen, dann für das Radio arbeitete, ehe sie ins Fernsehen wechselte.

1988 gründete, moderierte und leitete sie das erste Frauenjournal im deutschen Fernsehen: ML Mona Lisa. Für ihre Berichte über die Vergewaltigungen im Bosnienkrieg und andere Reportagen aus Krisen- und Kriegsgebieten erhielt sie viele Auszeichnungen, darunter auch das Bundesverdienstkreuz.

Nach den Jahren beim Bayerischen Rundfunk, beim ZDF und bei der ARD/NDR lebt sie heute ein von ihr so genanntes „Drittes Leben" mit sozialen Engagements wie UNICEF, der Lea-Ackermann-Stiftung und Büchern zum Thema „Frauen, Krieg und Unrecht".

Inhaltsverzeichnis

Vorwort

Nicht ahnend, dass es die letzten Interviews sein würden, die Lore Maria Peschel-Gutzeit geben könnte, haben wir uns im Sommer 2023 jede Woche bei ihr zu Hause am Prenzlauer Berg und auch in ihrer neuen Kanzlei getroffen. Ich wollte sie erzählen lassen, nach dem schlimmen Unfall 2019, wo sie ein LKW-Fahrer an der Tankstelle überrollt hatte. Beschreiben, wie unglaublich mutig und stark sie danach ihren Beruf in der neuen Kanzlei wieder ausübte. Mit acht gebrochenen und Titan-versteiften Wirbeln unverändert dreimal in der Woche an ihrem Schreibtisch sitzt, im Rollstuhl vor Gericht Frauen vertritt und trotz Rollator einfach nicht aufgibt. Dieses kleine Buch erzählt von dem schrecklichen Unfall, von den Monaten in der Reha, aber auch von ihrem Wiedereinstieg als Anwältin in der eigenen Kanzlei. Dazu dann auch immer wieder ein Blick zurück auf dieses spannende Leben einer Frau, deren Lebensthema die Gleichberechtigung ist und bleibt. Ich neige das Haupt vor dieser Frau, ich verehre sie und bewundere sie, und darum dieses Büchlein.

Entstanden sind die Interviews wenige Wochen vor ihrem überraschenden Tod. Sie sollen weiterhin an sie erinnern, sie lebendig halten mit ihrem so klugen Kopf und dem großen Herzen.

Das Leben der
Lore Maria Peschel-Gutzeit
in Kürze

Geboren ist sie am 26. Oktober 1932 in Hamburg als Tochter eines Volkswirtes und einer Lehrerin. Der Vater war wohl keine prägende Person im Leben von Lore Maria. So gab sie in ihrer Autobiografie „Selbstverständlich gleichberechtigt" den ehemaligen Wehrmachtsgeneral Hans Gutzeit als leiblichen Vater an. Der adoptierte sie anlässlich ihrer Volljährigkeit.

Sie hatte eine vier Jahre ältere Halbschwester aus der ersten Ehe der Mutter. Nach der Bombardierung Hamburgs wurde sie zusammen mit der Schwester über die Kinderlandverschickung nach Bayern verschickt. Erst nach Kriegsende 1946 kehrte sie nach Hamburg zurück.

Sie war immer schon eine exzellente Schülerin, gab vielen Klassenkameraden Nachhilfe-Unterricht. Sehr früh wusste sie schon, dass sie Jura studieren wollte. Ab 1951 besuchte sie erst die Universität Hamburg und dann die Albert-Ludwigs-Universität Freiburg.

1959 legte sie mit 27 Jahren dann die Zweite Juristische Staatsprüfung ab. Arbeitete kurz als Rechtsanwältin in Freiburg und folgte dann dem

Ruf ihrer Heimatstadt Hamburg, wo sie Richterin am Landgericht Hamburg wurde.

Ihre Schwerpunkte waren schon früh das Familienrecht, die Kinderrechte und die Gleichberechtigung von Frauen und Männern.

Als Familienrichterin wurde sie am Hanseatischen Oberlandesgericht 1984 in Hamburg nach heftigen Querelen zur ersten Frau und Vorsitzenden des Familiensenats ernannt.

Promoviert hat sie dann sechs Jahre später an der Universität Freiburg mit der Arbeit „Das Recht zum Umgang mit dem eigenen Kinde. Eine systematische Darstellung".

Vorher hatte die Zeitschrift „Emma" im Rahmen der PorNO-Kampagne zusammen mit ihr einen Gesetzentwurf erarbeitet. Der wurde damals allerdings noch nicht umgesetzt.

Ein Jahr nach ihrer Promotion zur Dr. jur. wählte sie die Bürgerschaft in den Hamburger Senat. Damit gehört sie dem Senat von Henning Vorscherau an und wurde mit seiner Unterstützung Justizsenatorin. Das blieb sie bis Ende 1993. Dann verlor die SPD, in die sie ja bereits 1988 eingetreten war, die Mehrheit, und Lore Maria Peschel-Gutzeit war nicht mehr Justizsenatorin.

Aber ihr Ruf war längst bis nach Berlin gedrungen: dort berief sie Berlins Bürgermeister Eberhard Diepgen als Justizsenatorin und Nachfolgerin von Jutta Limbach.

Doch drei Jahre später schied sie in Berlin aus diesem Amt aus und folgte diesmal dem Ruf von Hamburgs Erstem Bürgermeister Ortwin Runde wieder als Justizsenatorin. Diesmal in einer Koalition mit Bündnis 90/die Grünen. Endgültig aber kehrte sie der Politik den Rücken, als bei der Bürgerschaftswahl 2001 die SPD wieder die Regierungsmehrheit verlor.

Während all ihrer Jahre als Justizsenatorin sowohl in Hamburg als auch in Berlin lag ihr Schwerpunkt immer auf der rechtlichen Durchsetzung der im Grundgesetz ja verankerten Gleichberechtigung von Mann und Frau.

Ihr gelang es, einige Gesetzesvorlagen zu verwirklichen. Zum Beispiel die sogenannte Lex Peschel (§ 92 BBG), in dem festgeschrieben wurde, dass Beamte aus familiären Gründen Teilzeitarbeit leisten können. Ebenfalls setzte sie sich in einem Artikel der „Neuen Juristischen Wochenschrift" für das „Wahlrecht von Geburt an" ein, ausgeübt bis zur Volljährigkeit durch die Eltern. Über 30 Jahre war sie Familienrichterin in Hamburg, auch die erste Senatspräsidentin dort.

Die gemeinsame elterliche Sorge war damals ebenfalls eines ihrer Themen wie die Bedingung, dass in Scheidungsfällen auch die Kinder angehört werden.

Ehrungen:
- Berliner Stadtälteste 2004
- Verdienstkreuz I. Klasse der Bundesrepublik Deutschland 2004
- Hammonia-Preis des Landesfrauenrates Hamburg 2014
- Marie Juchacz-Frauenpreis des Landes Rheinland-Pfalz 2019

Veröffentlichungen:
- Verfahren und Rechtsmittel in Familiensachen, Beck, München 1988.
- Das Recht zum Umgang mit dem eigenen Kinde. Eine systematische Darstellung. Schweitzer, Berlin 1989, zugleich Dissertation, Freiburg 1990.
- Hrsg., Das Nürnberger Juristen-Urteil von 1947. Historischer Zusammenhang und aktuelle Bezüge, Baden-Baden 1996.
- Aufarbeitung von Systemunrecht durch die Justiz, Berlin 1996.
- Unterhaltsrecht aktuell. Die Auswirkungen der Unterhaltsreform auf die Beratungspraxis, Baden-Baden 2008.
- Selbstverständlich gleichberechtigt. Hoffmann und Campe, Hamburg 2012 (Autobiografie)

Kapitel 1

Ein Unfall, der ihr Leben
völlig verändert

Die bald 91-jährige Lore Maria Peschel-Gutzeit kann alles wie in einem Film erzählen. Sie habe keine retrograde Amnesie. So aufrecht wie nur möglich sitzt sie mir gegenüber. Mit acht Titanteilen in der Wirbelsäule. Mit engen Stützstrümpfen und ungewohnt kurzen Haaren. Aber total klar im Kopf.

„Ich stand an einer Tankstelle morgens kurz vor neun und wollte dort mein Auto waschen lassen. Ich hatte schon eine Waschmarke gekauft und hatte ihn auch schon durch das Wasser laufen lassen, so dass er tropfte."

Die autobegeisterte Juristin fuhr einen elegant-grauen Mercedes E-Klasse mit Namen „Leonardo", aber hübscher sei doch „Lio", berichtet sie. Und „Lio" stand da und wartete, dass er dran kam. Es war Februar im Jahre 2019. Das Frühjahr schlich sich über den Berliner Himmel zaghaft an. Kein Regen, ein wenig Sonne.

„Ich guckte so ein bisschen wie es weitergeht, und was man so macht, um nicht die ganze Zeit im Auto zu sitzen. Und plötzlich kam von hinten, ohne dass ich es bemerkte, ein Kleinlaster. Der tippte mich an, warf mich total um, mit dem Gesicht nach vorne. Der Fahrer hat es nicht bemerkt, dass er mich umgeworfen hat und rollte einfach weiter über mich drüber. Mit den Hinterrädern hat er mich so erwischt, dass ich dazwischen zu liegen kam. Ich habe geschrien wie am Spieß. Dabei fuhr er immer weiter. Endlich hat er mich dann doch gehört vorne in seiner Kabine. Er hielt an, sprang aus dem Wagen und hat mich zwischen seinen Rädern liegen sehen. Dann zog er mich an den Beinen zwischen den Rädern heraus. Das war der ganze Unfall."

Ruhig und gelassen kann sie das heute, vier Jahre später, erzählen. Berichten, wie dann die Polizei kam, wie der Tankstellenbesitzer den Krankenwagen gerufen hat. Die Polizisten eine Anzeige aufnehmen wollten. Aber die schwer verletzte Lore Maria schüttelte vorsichtig den Kopf. Nein, den jungen Kerl wollte sie nicht anzeigen. Der saß inzwischen auch auf einer Bank und heulte wie ein Schlosshund. „Der tat mir einfach nur leid", erinnert sie.

Nach dem ersten Schock kamen die Schmerzen. Wahnsinnige Schmerzen. „Zunächst ist man ja so betäubt durch den Aufprall. Ich habe zuerst auch nur das lädierte Gesicht bemerkt und meinen angeschlagenen Kopf". Im Krankenhaus brachte ein erstes MRT Klarheit. Kein Hirnschaden, wenigstens das nicht. Die ganze Wirbelsäule meldete sich erst nach und nach. „Tage später merkte ich, dass ich mich nicht rühren konnte. Da war ich dann schon zu Hause. Die Klinik hatte mich heimgeschickt. Ich habe auch an den folgenden Tagen versucht ins Büro zu fahren. Selbst zu fahren, klar. Aber mit diesem Rücken ging bald gar nichts mehr."

Ihre Tochter Andrea kümmert sich um die schwer verletzte Mutter. Wie überhaupt Andrea immer schon ein ganz wichtiger Mensch ist für sie. Sie habe ein enges Verhältnis, und der schlimme Unfall schweißt sie noch mehr zusammen. Auch, wenn es wieder ab geht in ein Krankenhaus. Das zweite jetzt. Der Radiologe dort entdeckte jetzt jedenfalls einen ersten gebrochenen Wirbel, den BBK 12. Der müsse verfüllt werden, war seine Aussage. Dazu müsse sie stationär aufgenommen werden, also morgen, oder übermorgen, so der Arzt. Also wieder heim, obwohl sie kaum noch gehen konnte. Als dieser Radiologe dann am nächsten Tag nochmals ein Röntgenbild machte, schüttelte er nur hilflos den Kopf: da seien mehr Wirbel in sich zusammengebrochen. Aber: sie können jetzt nicht operieren – denn die Patientin habe Keime in sich. Also wieder ab nach Hause. Mit unglaublichen Schmerzen. Andrea organisiert zu Hause die 24-Stunden-Pflege, sie ist wie immer rührend besorgt um die geliebte Mutter. „Sie ist, sie war immer da", erzählt Lore Maria jetzt. Aber zurück zum Krankheitsverlauf: Lore Maria bekommt Antibiotika. Selbst heute schüttelt es sie noch, wenn sie das alles erzählt: „Die Schmerzen wurden immer unerträglicher. Andrea bestellte dann den Notarzt und der brachte mich endlich in die Charité."

Aber noch war keine Besserung in Sicht. Denn um 10 Uhr abends wurde sie eingeliefert und am kommenden Morgen um 6 Uhr kam sie endlich dran. „Oh mein Gott, ich habe doch die ganze Nacht mit diesen Wahnsinnsschmerzen auf dem Flur gesessen." Die Ärztin ließ nochmals röntgen und der zuständige Professor berichtete ihr dann von acht zusammengebrochenen Wirbeln. „Die müssen wir alle verfüllen und im Anschluss daran mit Metall ummanteln. Das sind dann Implantate, da nehmen wir ein edleres Metall, zum Beispiel Titan, damit die Wirbel dann auch ihre Form behalten." So hat Lore Maria auch jetzt noch, vier Jahre später, Implantate im Rücken, die alle mit einem Knopf vorne enden. Ein Knopf, der heraussteht aus der Wirbelsäule. Darum auch die aufrechte Haltung bei unserem Gespräch. Sie kann sich nirgends richtig anlehnen, nur wenn es sehr weich ist im Rücken wie in ihrem Spezialstuhl in ihrer Wohnung.

Drei Operationen musste sie durchstehen zwischen Februar und Juni 2019. Weil nicht gleich alle Wirbel verfüllt werden konnten, sondern immer einer nach dem anderen. Dazwischen eine Sepsis, lebensbedrohend, so dass ihre Tochter eilig aus dem Urlaub einflog in Berlin.

Erst die dritte Operation war dann endgültig erfolgreich. Aber mit bitteren Folgen für die Patientin.

Denn 2019 war Lore Maria ja auch immerhin schon 86 Jahre alt. Da sind Vollnarkosen kein Spaziergang. Wochenlang lag sie jetzt im Delirium. Zwar mit einem inzwischen stabilen Rückgrat, aber vollkommen „daneben". „Ich hatte das Gefühl irgendwo anders auf der Welt zu sein, in Tel Aviv zum Bespiel, oder ich sei entführt worden. Ich habe meine Sekretärin im Urlaub angerufen, und so weiter..."

Die Tochter Andrea macht sich schlau. Die Ärzte bestätigen, dass so was in fünfzig Prozent der Fälle passiert. Aber es würde sich wieder geben, argumentieren sie. Jetzt werden dann doch Himmel und Hölle in Bewegung gesetzt, damit Lore Marias Hirn wieder richtig arbeiten kann. Mit vielen Medikamenten geht es aufwärts, nach der Charité zur Reha nach Alt-Tegel in die Humboldt-Mühle. Spezialgebiet: Neurologie. Die Ärzte wollen sie von den unzähligen Medikamenten entwöhnen, sie sollten so nach und nach abgesetzt werden. Heute nimmt Lore Maria einfach keine Tabletten mehr. Schmerzen hat sie aber trotzdem unverändert. An Weihnachten dann, in diesem ereignisreichen Jahr: Entlassung. Aber in welchem Zustand... Es ist erbarmungswürdig. Gehen geht kaum, der Rollator hilft bei ihren langsamen Schritten. Der

Rollstuhl unterstützt auf längeren Wegen in ihrer Wohnung. Und in der Kanzlei. Denn dreimal die Woche arbeitet die Juristin wieder in ihrer Kanzlei. Nicht zu glauben.

Nach einiger Zeit in unseren Interviews kommt sie dann doch noch einmal auf diesen schlimmen Unfall zu sprechen. „Ich habe nicht gehadert mit dem Geschick, sondern mir gesagt: It happens. Warum muss dieser junge Mann genau in diesem Augenblick anfahren, um mich zusammenzufahren?" Es erinnere sie an die Brücke vom Kwai. Warum gehen Menschen gerade jetzt über die Brücke? Sie sinnierte weiter: „Glaubst Du an das Schicksal? Ich glaube jedenfalls nicht, dass alles nur Zufälle sind." Kein Zufall, dass sie von der Juristin, der Richterin dann in die Politik fand. Wie das Politische ihr Leben wurde. Wie sich ihr Bewusstsein geändert hat. Weil ihr „Richterbewusstsein", so nennt sie das, weichen musste und dem politischen Bewusstsein Platz eingeräumt hat. Dazu dann die dritte Ebene, das Anwaltsdenken. „Da musst Du die ganze Zeit im Blick haben, was nützt Deiner Partei, also in dem Fall dem Mandanten. Können die das auch aushalten, was man sich selbst als Anwältin so ausdenkt für sie?"

Lore Maria formuliert dann etwas für eine Anwältin ganz Erstaunliches: „Ich sage relativ häufig in meinen Beratungen, ich an Ihrer Stelle würde diesen Prozess nicht führen. Es ist möglich, dass Sie ihn gewinnen können, es ist möglich. Aber es ist ein ungeheurer Nervenkrieg, der da auf Sie zukommt." Für sie sei es immer wichtig gewesen, sich die Mandanten genau anzusehen. Wie kräftig ist er/sie? Wenn dann jemand käme und behaupten würde: „Ich will das nur um der Sache willen machen", also das glaube sie schon mal nicht. Und da kommt sie dann doch wieder auf ihren Unfall zurück: „Das war eine Zäsur in meinem Leben. Vielleicht ein Fingerzeig Gottes. Jetzt ist es gut, jetzt soll ich aufhören. Aber: It's not my way...." So bearbeitet sie also gerade mal ein Jahr nach dieser Zäsur wieder ihre Akten, hört den Mandanten zu, geht im Rollstuhl vor Gericht. Es ist wirklich unglaublich...

Kapitel 2

Trotzdem: eine neue Kanzlei muss es sein

Ganz kurz vor dem schrecklichen LKW-Unfall trifft Lore Maria aber noch eine andere, wegweisende Entscheidung: sie verlässt nach zehn Jahren die Sozietät Kärgel/de Maizière in der Berliner Kurfürstenstraße. Und gründet eine eigene Kanzlei unter ihrem Namen. Der Grund: die männlichen Kollegen wollten keine weiteren weiblichen Juristen aufnehmen. Aber Lore Maria erstickte in Arbeit. Die Fachfrau für Familienrecht konnte sich vor Mandanten aus dem ganzen Land nicht mehr retten. Der Senior der Kanzlei war eigentlich dafür, dass noch mehr Anwältinnen aufgenommen werden würden. Aber die jüngeren Männer, nein, die wollten nicht mehr Frauen, die wollten statt „Familien-Gedöns" knallharte Wirtschaft. Das bringe mehr Geld war ihr Argument. Der alte Kärgel, mit dem sich Lore Maria bestens verstand, der sie auch einst 2009 an Bord geholt hatte, fand die Idee mit dem Ausbau des Familienrechts interessant. Aber da auch seine Zeit absehbar war, hat er sich dann nicht mehr gegen die „Jugend" durchgesetzt. Aber Lore Maria war mit ihren „zarten 86 Jahren" finster entschlossen, sich nicht unterkriegen zu lassen, sondern sich ganz neu aufzustellen. Mit ihr die Kolleginnen aus der alten Kanzlei, und natürlich ihre Leib-und-Magen-Sekretärin Frau Genna, die fast 30 Jahre an ihrer Seite war. Schon in der alten Kanzlei betrieb die Juristin das System der getrennten Kassen: „Es hätte also niemanden und nichts finanziell belastet", erzählt sie nun vier Jahre später. „Die jungen Herren wollten einfach keine Schwerpunkt-Kanzlei Familienrecht, sie wollten das große Geld machen. Und diesen Tüdelkram und den Krach zu Hause, das lehnten sie empört ab." Aber Lore Maria wollte sich jetzt auch keinem neuen Kampf mehr aussetzen. Über 40 Jahre machte sie Familienrecht, rauf und runter. Ihre Vision: eine kleine „Boutique", die sich auf Familie und Erbrecht spezialisiert. Genau dazu hatten auch die anderen Frauen in der Kanzlei Lust. Jetzt war nur noch die Frage: wo in Berlin?

Lage, Lage, Lage. Lore Maria ist sich darüber klar. Und: es muss der Kurfürstendamm sein. Nicht irgendeine nette Seitenstraße, das geht einfach gar nicht. So wie es in Hamburg nur eine Adresse für Anwälte gibt, und zwar den Neuen Wall. Dazu soll es bezahlbar sein. Alle Vorschläge der Berliner juristischen Freunde taugten nicht. Knesebeckstraße, Bleibtreustraße, Fasanenstraße, alles wunderbar, aber nichts für Lore Maria. Sie blieb eisern und bewies mal wieder starke Nerven. „Eines Tages", erzählt sie heute, „rief doch ein alter Freund an, ein Baulöwe, ein Immobilientycoon.

Ob er mir helfen könne, dürfe?" Sie erzählte von der Idee der neuen Kanzlei. Er kennt die alte Adresse gut, denn Lore Maria hat ihn auch schon in einigen Familienrechts-Fällen vertreten. Dann antwortet er in seinem „breitesten holsteinischen Dialekt", so Lore Maria heute: „Ich hätt da was, an der 63 am Ku'damm." Lore Maria weiß noch heute, wie sie jubelte und ihn lobte: „Dich schickt der Himmel – ich hoffe, es ist zu bezahlen!" Ist es, und so kommt sie mit ihren Fachfrauen zu einem wunderbaren Büro in der besten Lage. Ganz hoch oben, im siebten Stock, mit einem Blick über die Dächer von Berlin. „Da kann man wirklich nicht meckern", sagt sie heute.

Das Jahr 2018 geht zu Ende. Der alte Boss Kärgel ist unglücklich und alles andere als einverstanden, dass sein „Familienrechts-Zugpferd" auszieht. Aber: Jetzt muss der Umzug geplant werden. Wer bekommt welches Zimmer? Welche Möbel kommen mit? Was muss neu bestellt, gekauft werden. „Aber dann lag ich schwerstverletzt im Krankenhaus. Unfähig mich zu bewegen." Sie schüttelt immer noch fassungslos den Kopf. Ganz vorsichtig, damit nichts weh tut.

Noch heute ist Lore Maria sehr berührt: denn ihre Frauen haben jetzt alles alleine gestemmt. Es waren jetzt schon vier, die da mithalfen, mitorganisierten. Sie entscheiden, dass das größte, schönste Zimmer mit der Air Condition Lore

Maria bekommen soll. Ihre Sekretärin Frau Genna bekommt, verbunden mit einer Türe wie in den klassischen Chefzimmern, das Anschlusszimmer. Auch mit Air Condition. Frau Genna hält auch während der ganzen schlimmen Krankenhauszeit von Lore Maria immer Kontakt, bespricht sogar bald Fälle mit ihr, bringt vieles auf den Weg, damit nicht allzu viel liegen bleibt. Schließlich, da sind sich wohl alle Frauen in der neuen Kanzlei einig: Lore Maria ist einfach ihr Leuchtturm, ihr Zugpferd in Sachen Familienrecht.

Frau Genna fährt dann aus dem neu eingerichteten Büro einmal die Woche erst in die Charité und dann zur Reha hinaus aufs Land. Mit den Unterschriften-Mappen und vielen Fragebogen, was alles noch so entschieden werden musste. Klar war aber auch in der „neuen" Kanzlei: die Gemeinschaftskosten werden geteilt, ansonsten arbeitet jede auf eigene Rechnung. „Damit es nicht heißen kann, die spielt nur noch Golf und ist nie da, und die andere sitzt sieben Tage die Woche über ihren Akten"; das bewährte System erwähnt Lore Maria im Interview immer wieder gerne.

An Weihnachten wird Lore Maria aus der Reha entlassen. Und am 2. Januar rollt sie mit ihrem Rollstuhl hinauf in die neue Kanzlei. Hinein in ihr neues Büro. Die Ärzte im Reha-Zentrum verabschieden sich von ihr mit dem Satz: „Vergessen Sie nie, dass es ein Wunder ist, dass Sie überlebt haben."

Und dann beginnt für die Schwerst-Verletzte und nur mühsam wieder zusammengeflickte Juristin der Alltag. Zuerst rollte sie neugierig durch alle Räume in dieser schicken neuen Kanzlei. Alles, so erinnert sie sich, sei ihr nach den monatelangen Wochen in der Klinik und in der Reha sehr weitläufig vorgekommen. Das schönste Büro haben ihr die Kolleginnen zugedacht. Sie ahnt auch warum: „Sie betrachten mich doch als ihr Flaggschiff. Und haben den richtigen Schluss gezogen, dass man mich auch anständig setzen muss – nicht unbedingt in die Besenkammer." Und in diesem neuen großen wunderbaren Büro beginnt der juristische Alltag wieder. Dreimal die Woche. Montag, Mittwoch und Freitag. Dienstag und Donnerstag kommt zu Hause der Physiotherapeut, den sie dringend braucht. Der hält sie beweglich; vor allem übt er mit dem Rücken und dem Nacken, da durch diese Versteifung nach dem Unfall und durch den Einsatz von so viel Metall alles sehr unbeweglich geworden sei. Dazwischen geht sie zu Gericht. Aber nur zu den barrierefreien. Wo sie mit dem Rollstuhl gut „rollen" kann. Und wenn es Treppen gibt? „Ganz einfach, da ziehe ich mich am Geländer hoch, so wie hier unten im Hausgang von meiner Wohnung." Dabei erklärt sie mir überzeugt zum wiederholten Mal, warum sie vor Gericht zieht: „Meine Mandanten erwarten von mir, dass ich mich auch sichtbar für sie einsetze, und nicht nur vor dem Schreibtisch sitze."

Ihre Themen unverändert: Scheidungsfolgen, das ist einfach bitter, damit muss sie sich auseinandersetzen. „Da ist einmal das Vermögensrechtliche und der Unterhalt", erklärt sie mir. Aber das Schwierigste dabei: Wer betreut das Kind und vor allem wann. Sie beschreibt weiter die kritischen Themen: „Wechselmodell oder Residenzmodell". Da würden die Kämpfe ausgetragen. Über Jahr und Tag. Betroffen räumt die Juristin dann auch ein: „Die Kämpfe manifestieren sich dann auch in den Seelen der Kinder. Die Kinder werden manipuliert. Willst Du wirklich zu Papa? Und so weiter..." Seit der Reform des Scheidungsrechtes sei die Scheidung meist nicht mehr das Problem, erklärt Lore Maria. Aber die Scheidungsfolgen seien eine never-endling story. Viele Mandanten sind schon zehn Jahre bei ihr. Jetzt aber kommen sie mit neuen Themen. Erbrecht, Testamente, Versorgungsausgleich wenn ein geschiedener Ehepartner verstirbt. Viele, so erklärt sie mir, wollen mit warmer Hand vererben. Auch um einen Riesenkrach nach ihrem Tode zu vermeiden. All das ist viel Arbeit.

Sie sitzt in ihrem neuen todschicken Büro mit den langen Mahagoni-Regal-Wänden und den vielen Büchern an ihrem Schreibtisch in ihrem Rollstuhl. Wenn sie sich bewegen will, wechselt sie zum Rollator und nimmt am kleineren Besuchs-Tischchen Platz. Da wird es dann schwieriger mit dem Aufstehen. Als wir an diesem Tisch sitzen, muss ich ihr beide Hände reichen und stabil auf dem Boden stehen, um sie wieder in die Waagerechte zu bringen. Es geht zurück zum Schreibtisch, und da bewegt Lore Maria dann wieder die Not der Eltern und Kinder bei einer Trennung. Wechselmodell, das Kind wechselt also Woche für Woche das Zuhause bei Vater und Mutter. „Ich bin da inzwischen ganz davon abgekommen, denn das Kind kann keine Wurzeln schlagen." Sie erzahlt mir von einem Fünfjährigen. Der wechselte jeden Tag von Mama zu Papa und dann wieder zu Mama. Sie fragte ihn dann auch mal: „Woher weißt Du, wo Du bist?" – „Ganz einfach. Ich fasse an die Nachttischlampe. Wenn da eine Kordel ist, bin ich bei Mama, und sonst bei Papa." Was ist für die Juristin dann die beste Lösung für ein oder mehrere Kinder? Sie präferiert und empfiehlt inzwischen ein 14-tägiges Modell. Alles andere sei „Tüddelkram", da kommt dann die Hamburgerin durch. Das sei auch langlebiger, kann auch bei einem Schulwechsel des Kindes gut weiter praktiziert werden.

Ein Gesetz, das sie unverändert so gerne kippen würde, ist das Ehegattensplitting. „Da sitzt die

Frau zu Hause, der Mann bringt das Geld heim, und weil es sich steuerlich nicht rechnet, bleibt sie weiter zu Hause und arbeitet nicht." Lore Maria weiß genau, dass in den Ländern, in denen das Ehegattensplitting abgeschafft wurde, die Arbeitsmarktbeteiligung der Frauen hochgegangen ist. Das ist in den Ländern Großbritannien und Schweden klar zu belegen. Das gelte besonders, erklärt sie mir, „für Frauen, die mit gutverdienenden Männern verheiratet" seien. Für die habe sich durch die Reform in diesen Ländern der Steuersatz besonders stark geändert. „In Deutschland könnte die Bundesregierung dann mindestens 22 Milliarden Euro sparen." Aber die Juristin weiß auch, dass das wohl noch ein langer Weg wird, bis das umgesetzt ist. Inzwischen warten bergeweise aktuelle Fälle in der neuen Kanzlei auf sie. Von ihren Schmerzen will sie nichts wissen, die übergeht Lore Maria täglich tapfer. Ohne Schmerzmittel, weil sie nicht vergessen kann, wie mühsam es war, die Schmerzmittel nach ihrem Unfall im ersten Jahr wieder aus ihrem Körper „auszuschleichen". So hat es der Chefarzt in der Reha-Klinik genannt. „Dem habe ich viel zu verdanken, dass ich von den Tabletten befreit bin und seither sehr vorsichtig mit der Einnahme bin – da halte ich lieber was aus."

Kapitel 3

Zwischen Rollstuhl, Rollator und mit mühsamen Schritten: das neue Leben daheim

Wir sind verabredet. Punkt 14 Uhr in der Wörther Straße. Ich weiß, dass sie im fünften Stock wohnt. Und hoffe, dass es auch einen Lift gibt für sie, vor allem nach diesem Unfall. Auf mein Klingeln antwortet eine freundliche Frauenstimme: „Ich mache auf. Fünfter Stock." Erschreckt steige ich nach der Haustüre fünf steinerne Treppen hoch, dann entdecke ich rechts den Aufzug. Wie schafft sie nur diese ersten Treppen? Denn bei unserem letzten Treffen, vor einem Jahr im Capital Club, erinnerte ich sehr wohl, dass Lore Maria kaum gehen kann. Und wenn, dann nur so gebückt wie „die Hexe in Hänsel und Gretel", wie sie sich selbst später voller Humor beschreiben wird.

Also jetzt bei ihr in ihrer eleganten, großen Berliner Wohnung am Prenzlauer Berg. Die freundliche Stimme gehört ihrer Tochter Andrea, die mich reinlässt. Lore Maria selbst sitzt schon draußen auf ihrer großen Terrasse. Es ist Sommer und angenehm warm. Um sie herum ein Blumenmeer. Ich freue mich so, sie wieder zu sehen. Sie will mich umarmen. Geht aber nicht so gut, denn sie kommt nicht hoch aus ihrem Spezialstuhl. Schick ist sie angezogen, wie immer. Eine leuchtend gelbe Bluse passt gut zur dunkelblauen Hose, dazu wie meistens bei ihr eine kurze einreihige Perlenkette. Aber ihre Haare sind sehr dünn. Von der einstigen Haarpracht, die in all ihren Jahren vor dem Unfall nur mit Mühe zu bändigen war, ist nicht mehr viel übrig. Eine dunkle Spange hält die jetzt dunklen Haare draußen aus dem sehr blassen Gesicht. Vier Jahre nach dem Unfall ist sie immer noch gezeichnet. Mich packt großes Mitleid.

Später wird sie erzählen, welch große Hilfe in all den bitteren vergangen Jahren ihr die jetzt 53-jährige Tochter Andrea war. Sie hat sie ja damals gleich ins Krankenhaus gebracht, hat bei ihr zwischen den einzelnen Klinikaufenthalten geschlafen. Begleitete sie dann auch in die Charité und saß neben der schwer verletzten Mutter zwischen abends 10 Uhr und morgens 6 Uhr. In der Notaufnahme. Bis dann endlich die Ärztin auftauchte und sich kümmerte.

Das alles ist jetzt vier Jahre her. Wie kommt sie denn aber jetzt hinauf in ihre Wohnung, die fünf steilen Treppen erst mal, vor dem Aufzug? „Da kannst Du ja mal zugucken, ganz einfach, ich ziehe mich am Geländer hoch." Und zu Hause, in der 130 Quadratmeter großen schönen Berliner Wohnung? Da hilft der Rollator für die kleinen Wege, und wenn sie länger sitzen will oder muss, der Rollstuhl. Zweimal die Woche kommt ein Physiotherapeut. Für die schon erwähnten Übungen mit dem Rücken und im Nacken. Da ist alles durch die Titan-Versteifungen der zerbrochenen Wirbel sehr unbeweglich geworden. „Darum habe ich auch so starke Schmerzen, immer noch und unverändert." Außerdem dürfen die Beine durch das viele Sitzen nicht anschwellen. Der Physiotherapeut hat also mehr als genug zu tun. Das sind aber nicht alle Menschen, die Lore Maria jetzt in dieser Situation zur Seite stehen. Jeden Morgen, auch Samstag und Sonntag, kommt um 6 Uhr früh ein Pfleger und zieht ihr die Stützstümpfe an. Das kann sie nicht alleine. Außerdem macht er dann auch Lymphdrainage. Das ist dringend notwendig. Ich frage aber weiter: „Und am Abend? Wie wirst Du Deine Strümpfe dann wieder los?" Sie lacht: „Da kommt der Pfleger wieder. Und zieht sie ab. Dann falle ich ins Bett und bin ziemlich alle."

Für den Haushalt ist es Andrea gelungen, ihr über eine Organisation, die Haushaltshilfen stellt, eine solche für ihre Mutter zu buchen. Die kauft ein, die kocht, füllt den Kühlschrank und bringt den Müll runter. „Das sind ihre drei Aufgaben, dafür bezahle ich sie auch. Dann habe ich seit über zehn Jahren eine Putzhilfe für die Wohnung. Die kommt natürlich auch weiter. Da ist eine Menge zu tun", erklärte Lore Maria mir dann noch. Wie kann sie das alles finanzieren? Denn obwohl sie als ehemalige Richterin

Beihilfe-berechtigt ist, übernimmt die Beihilfe nicht ihre Physiotherapie. Wenn der Therapeut dann geht, ist sie komplett erledigt und schläft erst mal eine Stunde. Zur finanziellen Lage aber fällt ihr dann doch noch ein: „Ich habe eine gute Versorgung nach meinen 31 Jahren als Richterin in Hamburg, auch als Senatorin in Hamburg und Berlin, es rechnet sich, es geht um, wie man in Bayern ja so schön sagt." Aber übrig bleibt nichts.

Das richtige Bett für den Titan-Verstärkten Rücken war ein eigenes Thema. Da haben sich die Kinder gekümmert, neben Andrea gibt es noch den 60-jährigen Sohn Rolf. Lore Marias drittes Kind, eine Tochter, hat zu ihrer großen Trauer den Kontakt abgebrochen. Also das Bett: Das bisherige Bett kam raus aus dem Schlafzimmer, hat jetzt im großen Wohnraum eng neben dem Esstisch einen Platz gefunden. Ein Not-Bett, wenn jemand bei Lore Maria übernachten soll. Aber für sie selbst musste ein hochmodernes, technisiertes Pflegebett angeschafft werden. Das füllt ihr altes einst so gemütliches Schlafzimmer ganz aus. Aber sie ist auch dankbar. Und kann darin trotz all der Schmerzen auch schlafen. Zum Beispiel, wenn sie nach fünf Stunden Autofahrt und einem anstrengenden Gerichtstermin in Mecklenburg-Vorpommern wieder die fünf Treppen und den Lift in ihr Refugium geschafft hat. Und total erschöpft in dieses Bett fällt. Wieder erklärt sie mir: „Die Mandanten erwarten einfach von mir, dass ich mich für sie einsetze und nicht nur am Schreibtisch sitze." Bis dann am nächsten Morgen wieder der Pfleger kommt für die schrecklichen Stützstrümpfe. Wie kommen all die Menschen, die ihr zur Seite stehen rein in die Wohnung? Sie kann ja nur ganz langsam mit dem Rollator durch die Räume gehen. „Jeder hat einen Schlüssel, sonst funktioniert das nicht. Und Vertrauen ist die Basis." Sagt sie überzeugt und lebt das auch.

Unverändert nah ist ihr der Juristinnenbund. Heute mit 5000 Mitgliedern. Allein in Berlin sind es 250 engagierte Frauen. Da geht sie dann hin zum Sommerempfang. Bittet den Fahrer, sie hinzubringen, und rollt mit dem Rollstuhl unter die Gäste. „Weil ich doch nicht weiß, was es dort für Stühle gibt..." Denn die Titan-Implantate im Rücken drücken sie wohl ganz heftig. Immer wieder erwähnt sie das auch im Interview. Die bleiben ihr für den Rest ihres Lebens, das weiß sie und das macht sie auch alles andere als froh. Manchmal fragt sie dann aber doch den Chirurgen: „Kann man diese Biester nicht herausnehmen? Aber ich glaube, der hält mich dann für geistesgestört..." Denn diese „Biester" halten wohl ihren ganzen Körper nach diesem Unfall zusammen. Sie wollte dabei den Ärzten auch schon mal vorschlagen, etwas mehr Muskeln darum anzubringen. Die haben, so erzählt sie lachend, dann aber nur einfach gesagt: „Sie müssen mehr essen..."

Kapitel 4

Sie lässt sich nicht unterkriegen: Dreimal in der Woche rollt sie in die Kanzlei

Die einst begeisterte Autofahrerin kann seit diesem schrecklichen Unfall auch nicht mehr Auto fahren. Aber nach dem Jahr in der Charité und in der Reha war sie sich vollkommen sicher: ich gehe wieder arbeiten, ich gehe wieder in die neue Kanzlei. Die zum ersten Mal in ihrem Leben ihren eigenen Namen trägt. Sie muss hinauf in den siebten Stock am Ku'damm, mit dem unglaublichen Blick über ganz Berlin. Wie geht das? Tochter Andrea hat wie immer eine patente Lösung: sie machte drei junge Männer ausfindig, die seit Corona nicht mehr viel zu tun hatten. Musiker, IT-Fachleute, Künstler. Die drei fahren ihre Mutter jetzt abwechselnd vom Prenzlauer Berg an den Ku'damm.

„Ich sterbe tausend Tode mit meinen sehr netten Fahrern, die fahren mir oft zu langsam, sehen nicht wo eine Lücke sich auftut, ich bin halt das Rallye-Fahren gewohnt, es geht mir immer nicht schnell genug." Aber nichtsdestotrotz: pünktlich um 8 Uhr rollt sie an ihren großen Schreibtisch, Mahagoni, wie alle ihre meterlangen Bücherregale im „Chefbüro". Eigens von einem Tischler für ihr 40-Quadratmeter-Büro gefertigt. Heute bei meinem Kanzlei-Besuch ist sie wieder wie immer schick mit einem gelben Kaschmir-Blazer gekleidet, dazu eine helle Bluse mit Schluppen darunter, die geliebte dunkelblaue Hose und dazu als Schmuck die einreihige Perlenkette. Die schwarzen kurzen Haare sind gerade frisiert und wieder von einer Spange aus dem Gesicht gehalten. Wie kann sie sich denn überhaupt anziehen mit diesen Eisenteilen im Rücken? „Das geht noch, Du glaubst es nicht. Auch das Frisieren und Schminken kriege ich noch hin. Wir müssen uns doch pflegen und gut aussehen, egal was mit uns ist, oder?"

In ihrem Chefzimmer hat sie neben dem Schreibtisch eine Massage-Liege. „Wenn die Schmerzen zu viel werden, wenn ich es nicht mehr gut aushalten kann im Schreibtischstuhl, dann hilft es wenn ich mich dort hinlege und ausstrecke." Neben meterweise juristischer Literatur ordentlich in den Regalen sortiert finde ich aber auch viele Urkunden und Auszeichnungen, den Frauenpreis der Ministerpräsidentin von Rheinland-Pfalz, von Malu Dreyer. Dazu die Urkunde der Stadtältesten Berlin: „Zum ersten Mal eine Frau, das ist so wie Ehrenbürger, und die Anwartschaft auf ein Grab, das ist außergewöhnlich für eine Nicht-Berlinerin." Das ganze Büro spiegelt 30 Jahre Justiz-Erfahrungen wider. Eine einzige silberne Blumenvase wirkt da irgendwie fehlplatziert. Ganz hinten neben der Türe aber auch Fotos von Andrea und ihren zwei Kindern und Bilder von Lore Maria in Tel Aviv. „Das waren spannende, glückliche Zeiten in Israel, das erzähle ich Dir dann auch noch mal später."

Lore Maria verschwindet optisch komplett hinter ihrem Schreibtisch und dem großen Bildschirm. Hier bearbeitet sie ihre „Fälle", bereitet sich auf die Gerichtstermine vor. Die Mandanten zahlen nach „Zeit", also Stundenhonorar. „Bei einer mittelschwierigen Scheidung samt Unterhaltsregelung kommen so 40–50 Stunden zusammen, inklusive Gerichtstermin." Insgesamt sind es mit ihr vier Rechtsanwältinnen und vier Sekretärinnen, dazu eine Diplom-Juristin. Die auch einst, wie Lore Maria, als Richterin gearbeitet hat: „Das hilft sehr, da kann man sich austauschen, versteht die Fälle oft besser."

Oft kommt es vor, dass sie zusätzlich zu den drei geplanten Büro-Tagen zu Gericht muss. Da braucht sie vor allem jemanden, der sie fährt. Also zusätzlich zum Fahrer noch eine Hilfsperson. Wie es funktioniert? „Das hängt vom Gerichtsgebäude ab. Ich kenne sie ja alle hier in Berlin. Manchmal schaffe ich alles mit dem Rollator, aber wenn ich einen Rollstuhl brauche, dann sollte das Haus barrierefrei sein. Was es oft nicht ist..." Am Ku'damm, wenn sie in ihr Büro muss, dann fährt der Fahrer mit ihr in die Tiefgarage. Da gibt es aber auch Treppen, an denen sie sich am Geländer hochziehen muss. „Aber das habe ich von Anfang an geübt, diese fünf Stufen kriege ich hin." An meinem Besuchstag erzählt sie beglückt, dass sie mit dem Physiotherapeuten zum ersten Mal einen Rundgang gemacht habe. Was trotz der Treppen gut funktioniert habe. Auch er schaute seine Patientin erst mal fragend an: „Wie schaffen Sie das jetzt?" – „Gucken Sie einfach, ich ziehe mich am Geländer hoch..."

Aber Lore Maria wäre nicht die bundesweit bekannte und geschätzte Juristin, wenn wir nicht auch bald bei politischen Themen landen würden. Das Ehegattensplitting regt sie auf. Seit zwanzig Jahren schon. Sie erwähnt den SPD-Generalsekretär im Bundestag Lars Klingbeil: „Der will das abschaffen, es ist auch höchste Zeit." Das ist ihr Thema: „Das ganze Ehegattensplitting muss dringend renoviert werden. Beziehungsweise abgeschafft. Zugunsten einer neuen Besteuerung. Ich bin einfach davon überzeugt, dass jeder Mensch grundsätzlich das versteuert, was er selbst verdient. Individual-Besteuerung nenne ich das. Da wird dann nicht ein bisschen zusammengerechnet und geteilt und rübergeschaufelt, sondern es wird einfach das, was ich verdiene, versteuert."

Ein zweites Thema bewegt die Juristin ungemein: sie nennt das die „Kernverpflichtung". Da habe jemand Kinder oder eine alte Mutter, die zu pflegen ist. Diese Aufwände werden nachgewiesen und schränken natürlich Arbeitskraft und Arbeitsfähigkeit des Steuerpflichtigen ein. Weil er eben nicht die ganze Zeit gleichzeitig arbeiten und Kinder betreuen kann. Das heißt für Lore Maria: „Die Kernarbeit müsste man als sogenannte Familienadditive dem tätigen Steuerpflichtigen gutschreiben." Ihre Rechnung sieht dann so aus: wenn einer 30 000 Euro im Jahr verdient, gehen etwa 5000 Euro steuerfrei, weil er oder sie die Mutter betreut, 10 000 weil er ein Kind versorgt, und so weiter. Das ist dann steuerfrei. Sicher, die Juristin räumt auch ein, dass man sich andere Modelle ausdenken könne, um die Familie zu bevorzugen. Aber man müsse an diese Themen ran, denn dass das Ehegattensplitting verfassungsgerecht sei, sei schlichtweg gelogen. „Es ist einfach unglaublich, dass da 22 Milliarden Euro einfach ausgegeben werden, die sind weg, nur weil man die nicht arbeitende Ehefrau des gut verdienenden Chefs mit dessen Einkommen zusammenzählt und dann einfach halbiert."

Lore Maria hat als Justizsenatorin in Hamburg und in Berlin und später als Anwältin in juristischen Kanzleien unzählige Gesetze auf den Weg gebracht. Immer auch unter ihrem Motto „Selbstverständlich gleichberechtigt". So heißt auch ihr Buch aus dem Jahre 2012. Vor allem auch in den Jahren als Präsidentin des Deutschen Juristinnenbundes.

Kapitel 5

Präsidentin von 5000 Juristinnen – Unverrückbare Weichenstellungen

Während unserer Gespräche ist Lore Maria immer wieder und mit viel Herzblut auf das Thema „Deutscher Juristinnenbund" gekommen. Heute hat diese Vereinigung 5000 Mitglieder. Oder muss man schreiben: Mitgliederinnen? Sie erzählt: „Ich bin 1956 noch während meiner Zeit als Rechtsreferendarin beigetreten. Unsere Hauptziele waren, die Fortentwicklung des Rechts in allen Bereichen zu fördern, insbesondere die Gleichberechtigung der Frau in Gesellschaft, Beruf und Familie voranzutreiben." Wenn sie heute, schwer angeschlagen und immer noch voller Schmerzen, in ihrem Spezial-Stuhl aufrecht sitzt und davon berichtet, ist das Leuchten ihres Engagements unverkennbar. Wie kaum eine andere Juristin hat sie dieses „vierte Kind", so nennt sie den Juristinnenbund, geprägt. Zwanzig Jahre Chefin der Familienrechtskommission, unzählige Gesetze auf den Weg gebracht, über zwanzigmal im Bundesverfassungsgericht gekämpft, im Bundestag angehört und argumentiert. Heute, im Jahre 2023, haben die Juristinnen sie zur Ehrenpräsidentin gekürt. Das macht sie auch ein wenig stolz und glücklich.

Aber neben den vielen Mitgliedschaften und Engagements im Deutschen Kinderschutzbund, im Deutschen Kinderhilfswerk, in der Deutschen Liga für das Kind, brennt ihr vor allem bis heute das Thema „Parité" auf der Seele, so formuliert sie es auch. Sie regt sich richtig auf und erklärt mir den Grund: „Wir haben jetzt über 70 Jahre die Bundesrepublik und sind ein vereintes Deutschland. Aber bis heute ist nicht ein einziges deutsches Parlament, weder in den Ländern noch auf Bundesebene, gleichmäßig mit Frauen und Männern besetzt. Nicht annähernd! Wenn überhaupt, kommen die Frauen dort auf einen Anteil von um die 30 Prozent. Unser Bundestag ist so schlecht besetzt wie nie zuvor. Aber egal ob 30 oder 40 Prozent, es ist einfach nicht die Hälfte."

Die Juristin sieht es darum ganz klar: Frauen können keinen einzigen Antrag gegen die Männer stellen. Zwei Bundesländer, erklärt sie mir, hätten versucht die Landeswahlgesetze zu ändern, mit der Verpflichtung, dass Männer und Frauen gleichmäßig aufgestellt werden müssten. Das Reißverschlußprinzip der Ziegen. Aber Thüringen und Brandenburg scheiterten am Bundesverfassungsgericht 2021. „Und dann haben alle den Mut verloren, und keiner geht wieder dran", beklagt jetzt Lore Maria. „Ich war ja Mitglied der Verfassungskommission, Anfang der 90er Jahre. Als wir versucht haben, die DDR-Verfassung mit dem Bonner Grundgesetz zusammenzuführen." 16 Länder waren als Mitglieder gesetzt, 32 Mitglieder saßen in der Kommission. „Aber sage und schreibe davon nur vier Frauen." Dabei empört sich Lore Maria weiter: „Der Staat ist laut Grundgesetz verpflichtet, dafür zu sorgen, dass die Tatsache der Gleichstellung hergestellt und bestehende Benachteiligungen zu beseitigen sind." Während ich ihr zuhöre, wird mir klar, dass das ihr Lebensthema ist: die Gleichstellung und Gleichberechtigung der Frauen. „Ich habe das auch mit Frau Bas, der Bundestagspräsidentin, besprochen. Wir sind da völlig einer Meinung. Sie ist eine sehr ruhige, patente Frau. Aber unverändert gilt: wir können das als Frauen so nicht hinnehmen. Das ist ein eklatanter Bruch der Verfassung." Und im Notfall regt sich Lore Maria weiter auf: „Da muss halt die Verfassung geändert werden."

Wie sie da so sitzt voller Wut und Empörung, frage ich sie schon auch: „Wie bist Du in Deinem Rollstuhl bis zur Bundestagspräsidentin gekommen?" Man habe sie abgeholt, erklärt sie mir ganz nüchtern. Mit einem Wagen der Bundestagspräsidentin. Dann sei sie im Rollstuhl in ihr Zimmer gefahren. Bärbel Bas sagt ihr zum Abschied nach einem langen Gespräch aber auch noch Folgendes: „Ich sehe das wie Sie, aber es wird ein steiniger Weg werden."

Jetzt sind wir bei ihrem juristischen Herzensthema angelangt. „Das zweite", sagt sie, „sei nicht von so großem Gewicht, aber von großer sozialer Relevanz: die Familienpflege." Sie denkt da an die alten Eltern und vielleicht sogar an sich selbst. Der allergrößte Teil der alten Menschen werde zu Haus gepflegt. Zwei Drittel genau. Sie erfährt das immer wieder in ihrer Kanzlei. „Und wer pflegt?" fragt sie mich: „Ja, genau, die Frauen." Was bekommen die als Entgelt? Nichts. Vielleicht mal ein kleines Pflegegeld aus der Pflegeversicherung. Bei Grad 1 seien das ganze 125 Euro. In Lore Marias Gespräch mit der Bundestagspräsidentin war das auch ein Thema. Die Juristin räumt auch ein, dass sie verstehe, dass der Staat nicht auch noch ganze Familien bezahlen könne, denn irgendwo ist ja auch die Finanzkraft zu Ende. „Aber ich kann überhaupt nicht verstehen, dass die Frauen in dieser Zeit keinen Rentenanspruch gewinnen, so wie auch Kinderziehungszeiten, die sich rentenerhöhend auswirken." Lore Maria wird also, solange sie lebt, nicht aufhören zu kämpfen. „Wir müssen die häusliche Pflege zu einem rentenerhöhenden Tatbestand für die Frauen machen, damit diese ewige Altersarmut der Frauen wirksam angegriffen wird." Und wie das geht, weiß sie natürlich auch schon, nämlich genauso wie sie alle ihre Reformideen auf den Weg gebracht hat. Mit Konferenzen, Vorträgen, Veröffentlichungen, die Parteien mit einbeziehen. Zum Beispiel auch die SPD, deren Mitglied Lore Maria ja seit jungen Jahren ist. „Vielleicht kriegt man auch die CSU, die sind ja manchmal ganz sozial getaktet."

Es gibt so viele Gesetze, die sie in ihrem juristischen Leben auf den Weg gebracht hat. Und wenn es ihr nicht glückte, kann sie sich bis heute noch aufregen. Wie über das unselige Staatsangehörigkeitsgesetz, nach dem nur ein Mann seine Staatsangehörigkeit übertragen konnte. Und die Frau, die die Kinder geboren hat, wurde zusammen mit den „armen Würmern", so sagt sie, staatenlos. Oder das Beamtenrecht. Nach dem die Frau, wenn sie wieder heiratete, ihre Versorgungsansprüche verlor. Bereits 1968 trat die von ihr initiierte „Lex Peschel" in Kraft. Das Gesetz ermöglichte es Beamtinnen, aus familiären Gründen in Teilzeit zu arbeiten oder Familienurlaub zu nehmen, ohne aus ihrer Berufstätigkeit ausscheiden zu müssen.

Oder wie sie dafür gesorgt hat, dass es in der Eltern-Kind-Beziehung ein absolutes Gewaltverbot gibt, seit 2001. „Jedes Kind hat das Anrecht auf eine gewaltfreie Erziehung", da ist Lore Maria eisenhart und erzählt auch gleich süffisant lächelnd eine Geschichte aus ihrem Richterinnen-Dasein: „Da kommt doch glatt ein CDU-Vertreter des Rechtsausschusses des Bundestages daher und meint, wenn ich vier Kinder hätte, könnte ich nachvollziehen, dass einem da schon mal die Hand ausrutscht. Ihre Antwort wieder typisch: Sie habe nur drei Kinder, das vierte würde doch wohl nicht den Unterschied ausmachen..."

Mit fester Hand greift sie ihr Wasserglas. Guckt versonnen auf ihre Blumenpracht, auf die fleißigen Lieschen, die blauen Glockenblumen und die bunt-leuchtenden Bauernkugeln, die sie an ihre Kindheitsjahre in Bayern erinnern. Ich frage besorgt: „Bist Du erschöpft, sollen wir eine Pause machen. Ich mache Dir einen Tee, und dann sehen wir weiter, ja?"

Aber Lore Maria will mit ihren wichtigen Anliegen noch nicht aufhören. Das dritte Herzensthema ist ihr immer schon: „Kinderrechte, die gehören ins Grundgesetz". Da sind wir uns ja sowas von einig. Die jetzt wieder nach dem Unfall unverändert aktive Juristin erzählt, dass sie als Mitglied der Kommission des Sozialgerichtstages gerade einen neuen Vorschlag formuliert und dem Bundestag zugeleitet hätten. Sicher, es gibt schon eine ganze Menge an Vorschlägen für die Formulierungen, bisher hat es noch keiner durch die Zweidrittelmehrheit des Bundestages geschafft. Für einen Normalbürger ist es auch schwer zu verstehen, warum zwar Tierrechte im Grundgesetz beinhaltet sind, aber nicht die Kinderrechte. Die Juristin argumentiert: „Artikel 2 regelt das Recht der Erwachsenen auf Schutz ihrer Persönlichkeit. Und genau da gehören die Kinder als 2a extra hinein."

Kapitel 6

Der Blick auf die Welt –
ein wenig beunruhigend

Der beunruhigendste Satz von Lore Maria kommt gleich zu Beginn unseres Gesprächs: „So hat es bei uns damals mit Hitler auch angefangen." Damit beschreibt sie die aktuellen politischen Entwicklungen in Spanien und Italien mit Giorgia Meloni, mit der wartenden Marie LePen in Frankreich und schließlich auch die Wählerentscheidungen in Deutschland für die AfD. Schließlich habe sich einst auch Hitler vom Reichstag ganz offiziell und demokratisch zum Reichskanzler wählen lassen. „Und oh Wunder, plötzlich kamen all diese rechten Ideen zum Tragen." Sie erinnere sich auch sehr gut an die Fragebögen, die 1945 die Alliierten ausgeteilt hätten. Da musste jeder Bürger in Deutschland über seine Parteitätigkeiten Auskunft geben. Lore Maria schüttelt lachend den Kopf: „Wir hatten nur Mitläufer. Keine aktiven Mitglieder der NSDAP."

Die Juristin ist viele Male nach Israel gereist. Sie ist dort als Richterin auf der Bank gesessen bei den sogenannten Judenwortprozessen. Das waren die Prozesse gegen die Ausschwitzwächter. Denn viele israelische Zeugen wollten nicht nach Deutschland zu ihren Aussagen reisen. Also musste das ganze deutsche Gericht samt Staatsanwalt und Verteidigung nach Israel fliegen. Lore Maria als Richterin. Da wurden dann mit Hilfe der israelischen Gerichte die Zeugen vernommen. Also die ehemaligen Insassen der KZs. Sie schildert weiter, ziemlich empört immer noch: „Die Wächter haben alle nur auf Befehl gehandelt. Und sie haben von nichts gewusst."

Lore Maria macht sich große Sorgen um die Welt. Sie fürchtet, dass wir weltweit einen Rechtsruck erleben. Hier die Chinesen und dort Putin. Wann der Krieg gegen die Ukraine zu Ende gehen könnte? Lore Maria weiß es nicht: „Entweder geht ihm das Personal aus, oder die Soldaten, oder die Waffen, oder das Geld. Was alles nicht absehbar ist. Es muss einfach etwas passieren, das die Menschen an den Verhandlungstisch zwingt." Ihre weiteren Gedanken dazu klingen nicht wie die einer Dame in der deutschen Gesellschaft. „Hier fehlt das Stiletto. Wie aus der Zeit der Borgias. Da hatte man im Stiefel sein Stiletto, das ist die einzige Lösung. Dieser Mann muss wirklich weg."

Da die Juristin ein Leben lang auf der Seite der Frauen und für Frauen gekämpft hat, bewegt sie auch sehr, dass es in Rußland keinen Aufstand der Mütter gibt. Sie würden wohl alles akzeptieren, die Einziehung ihrer Söhne, den Tod ihrer Söhne auf dem Schlachtfeld. Zum Ende dieser Gedanken dann noch eine finstere Vision: „Ich fürchte, dass das Putin glatt jahrelang aus- und durchhält." Die Ukraine dagegen habe nur eine Überlebenschance, wenn wir reinpumpen und reinpumpen. Die Hälfte des Landes ist ja inzwischen verbrannte Erde, kein Mensch könne da mehr leben. Und das sei wohl auch das Ziel. Alles in allem: Finstere Aussichten in dieser Welt, da ist sich Lore Maria leider ziemlich sicher.

Zudem erinnert sie sich bei all den Gesprächen über die Weltsituation und den aktuellen Krieg in der Ukraine an ihre eigenen Erlebnisse nach dem Zweiten Weltkrieg. 12 Jahre war sie alt, als dieser Krieg zu Ende ging. „Zunächst haben meine Mutter und meine drei Geschwister in Bayern festgesessen. Genauer zwischen Nürnberg und Regensburg. Unsere Mutter war kriegsverpflichtet worden, von der Militärregierung. Als Übersetzerin; weit und breit war sie die einzige, die Englisch sprach. Wir waren in einem Gasthof untergebracht, in einem kleinen Zimmer. Wo wir versuchten, in dem Kachelofen ein wenig Feuer zu machen." Lore Maria sieht auch heute noch ganz traurig aus, wenn sie von dieser Zeit erzählt. Aber auch von den GIs berichtet, die den Kindern den Kachelofen angezündet haben und manchmal was von ihrem Essen den Kindern in ihr Zimmer hinaufgebracht haben.

„Dann aber kam ein Einberufungsbefehl für unsere Mutter, sie musste zurück nach Hamburg, denn dort war sie immer noch als Beamtin gemeldet." Und der Norden wurde von den Briten verwaltet. Also war ihr Englisch wieder hoch vonnöten. Unglaubliche 14 Tage brauchten die Kinder mit ihrer Mutter für die 300 Kilometer in einem Eisenbahn-Waggon nach Hamburg. Die Wägen waren mit Stroh ausgelegt, die Mutter packte mit den Kindern die wenigen Möbel und Besitztümer hinein und dann begann die Warterei auf den Abstellgleisen. Lore Maria schüttelt immer noch den Kopf wenn sie daran denkt. Dann sprang eines von den vielen Kindern aus dem Waggon und versuchte von anderen „Landsern" mitgenommen zu werden. Zum Teil auf deren Lastwagen. Wenn die Tiefflieger kamen, mussten sie von den Lastwagen abspringen und in die Straßengräben hüpfen. „Meine Schwester und ich haben uns dort dann eine kleine Decke über die Köpfe gezogen. Ich erinnere wie heute, dass ein amerikanischer Tiefflieger mit blauen Augen direkt seine MG auf meine Schwester und mich richtete. Die kommen so nah ran, dass man ihnen ins Gesicht gucken kann. Und dieser Pilot, der legte an, und sah meine Schwester und mich und drehte den Kopf zur Seite und drehte ab... Er sagte sich wohl, ich schieße nicht auf Kinder."

Sie schafften es, in der eisigen Kälte dieses Winters 1946. Bis Wilhelmsburg, kurz vor Hamburg. Lore Maria erzählt weiter: „Die Mutter wurde gleich in der Schulbehörde verpflichtet, aber für uns Kinder gab es keine Wohnung. Wir saßen da, ohne Essen, ohne Feuer, ohne alles. Die Mutter erinnerte sich dann an Bekannte, dort kamen wir in einer Garage unter." Es waren wohl sehr bittere Zeiten, vor allem für die Kinder. Als sie endlich zusammen eine Wohnung zugewiesen bekamen, in einem Dachgeschoss eines Bauernhauses, bekommt Lore Maria wohl immer noch Gänsehaut und Wut in einem: „Die Eigentümer dieses Hauses waren alles andere als erfreut über die Einquartierung und haben doch tatsächlich eine eiserne Außentreppe bauen lassen, ein Loch in die Außenwand wurde da geschlagen, so dass wir nur von dort in die Zwei-Zimmer-Wohnung gelangen konnten und nie das Haupthaus betreten mussten." Plumpsklo im Hof, eine Wasserpumpe auch dort, kein Anschluss an das Hauswasser und an den Strom, erzählt sie weiter. Ich bin fassungslos und frage noch mal nach: „Ihr wart doch Hamburger? Deutsche?"

Ab März 1946 beginnt für die Kinder wieder ein wenig Leben in der Normalität. Sie mussten zur Schule. Mit dem Bus. Zum Essen hatten sie für einen Tag einen Kohlkopf, aber nur ein Viertel davon. Den verteilte das Rote Kreuz. „Daran haben wir dann den ganzen Tag geknabbert. Und an der Bushaltestelle sahen meine Schwester und ich jeden Tag Menschen, die in der Nacht dort erfroren waren." Für Lore Maria, ihre Schwester und ihre Mutter ging es erst ein wenig aufwärts, als sie ein Jahr später eine Dienstwohnung zugewiesen bekamen. „Die Mutter hatte ein Einkommen, wir zwei Zimmer mit Öfen, einer Küche, wir konnten was kochen." Dabei ging es den Schwestern auch immer darum, etwas Essen zu organisieren. Oder Holz zu sammeln, was auf dem platten Land, wo sie jetzt gelandet waren, nicht möglich war. Dafür machten sich die Mädchen abwechselnd auf hinunter zur Elbe. Ein weiter Weg.

Lore Maria erzählt weiter: „In Zollenspieker, da ist ein großes Rieselfeld. Da hält ein großer Sauger die Fahrrinne frei und so wirft er auch einen mächtigen Strahl auf dieses Rieselfeld. Mit viel Dreck und Unrat aus der Fahrrinne. Normalerweise haben sich Männer dorthin getraut und alles herausgeholt, was brauchbar war.

Wir zwei haben das auch geschafft und sind nach der Nacht um 6 Uhr in der Früh wieder zu Hause gewesen und haben uns dann für die Schule fertig gemacht."

Anziehsachen haben sich die Kinder in der Kleiderausgabe des Roten Kreuzes zusammengesucht. Oft hat nichts gepasst und die Schuhe schon gar nicht. Vom Vater hörten sie nichts. Der ehemalige General hatte Kontaktverbot auferlegt bekommen. Erst später tauchte er dann bei seiner Familie wieder auf. Aber Lore Maria beschreibt das nicht als eine glückliche Zeit. Sie erinnert sich nur an einen sicherlich nicht nur nett gemeinten Satz der Tochter an den Vater: „Vati, Du hast jetzt einfach keine Vorfahrt mehr." Damit war der Dienstwagen des Vaters im Dritten Reich mit dem General-Stander am Auto gemeint.

Lore Maria entwickelt mit 14 Jahren die von ihr bekannten und geschätzten Eigenschaften: sie sorgt für sich selbst, macht sich unabhängig von Mutter, Vater und Geschwistern. Sie gibt in allen Fächern Nachhilfe, weil sie überall gut war. „Ich konnte den kleinen, süßen Mäusen eine ganze Menge beibringen." Und dabei strahlt sie noch heute. Sie erinnert sich auch dann noch gerne an die eigenen Schuljahre, die am Tag des Kriegsausbruches, am 1. September 1939, begannen. „Ich sang viel und angeblich auch sehr schön. So kam ich in den NWDR-Kinderchor. Aber nicht lange, denn dann begann die Kinderlandverschickung, die hat mich geprägt."

Sie war, so erzählt sie heute mit knapp 91 Jahren, ein ruhiges, sehr zurückhaltendes Kind. Gewesen. Relativ unselbstständig, sie konnte nicht mal ihre dicken Zöpfe selbst kämmen, geschweige denn flechten. Das machte die Mama jeden Tag. Aber jetzt ist sie allein, verschickt in ein Kinderheim in Bayern. „Ich kriegte das mit den Haaren nicht hin. Ich wusste nicht, was ich machen sollte. Die Haare verfilzten, es wurde immer schlimmer. Und dann fingen Mitschülerinnen an, mich auszulachen." Aber es gab noch andere Probleme für das kleine Mädchen. Denn sie konnte nicht mit Messer und Gabel essen. Sie rettet sich mit der Behauptung, sie sei Diabetikerin. Sie esse kein Fleisch, nur vegetarisch. „Der Mensch muss sich zu helfen wissen", erklärt sie mir heute lächelnd. „Und es hat funktioniert. Denn ich habe mir einen Ruck gegeben, und mir gesagt, so geht das nicht weiter." Sie entscheidet, von jetzt an alles hier in der Klasse und im Kinderwohnheim zu übernehmen. Ich werde hier jetzt anführen, das war dann klar für Lore Maria. Sie war ab jetzt verantwortlich für alle Veranstaltungen, in Uniform, als Mädel vom Dienst. Sie lernte, sich zu wehren, Widerworte zu geben. Eine Anekdote ist ihr noch sehr im Gedächtnis: Auf die Frage einer Lehrerin, die sehr unangenehm war, habe sie gesagt: „Das weiß ich nicht, das haben wir nicht gelernt. Die empörte sich dann und argumentierte, Du lügst, natürlich haben wir das gelernt." Aber Lore Maria antwortete mit dem neuen Selbstbewusstsein: „Sie wissen, dass Sie so etwas nicht zu mir sagen dürfen. Warum tun Sie das trotzdem?"

Lore Maria hatte ihren Tadel weg, und im nächsten Zeugnis eine Fünf. Da rauschte dann ihre Mutter ins Lager, selbst Lehrerin. Sie fragte nach: eine Fünf gibt man nur dann, wenn ein Kind geklaut hat oder sowas. Was ist da los? Was hat meine Tochter gemacht? Die Lehrerin erklärt, dass das Kind aufsässig sei, Widerworte gebe. Die Mutter aber stellt sich vor ihre Tochter und meinte nur später zu ihr hinter vorgehaltener Hand: „Du musst lernen, diplomatischer zu sein." Lektion fürs Leben, so sieht das Lore Maria bis heute. Aber auch, dass sie diesen Lehrerinnen in Bayern nur dankbar sein konnte. Die haben ihren Widerspruchsgeist geweckt und der ist bis heute erhalten.

Kapitel 7

Schmerzhafte Erinnerungen an die letzten Kriegsjahre

Wenn man als Kind so nah und mit vielen Schmerzen das Kriegsende des Zweiten Weltkrieges erlebt hat, dann ist es wohl ein besonderer Schock, Krieg im eigenen Alter wieder so schmerzlich zu erfahren. Lore Maria erzählt immer noch so gerne, wie ihre Schwester bei Kriegsende 30 Kilometer von der tschechischen Grenze entfernt die ersten Soldaten gesehen hat und aus Angst vor den Russen dann nur beruhigt konstatierte: „Das ist ein Schwarzer, und die Russen habe keine Schwarzen."

Jetzt ist sie aber wieder geschockt von der aktuellen Weltpolitik. Ihre Tochter Andrea sieht mit Trauer, dass die ganzen Erinnerungen wieder bei ihrer Mutter hochkamen. „Wer das damals erlebt hat, der kann sich nur an den Kopf fassen. 70 Jahre ist es her, und jetzt wird wieder genauso geschossen. Die Städte werden dem Erdboden gleichgemacht, die Leute werden umgebracht und werden gefoltert." Lore Maria schüttelt verzweifelt den Kopf und fragt sich immer wieder: „Man hat das Gefühl, dass der Mensch nichts dazugelernt hat. Immer kommt ein Wahnsinniger und muss seinen Machtgelüsten frönen."

Die Erinnerungen schwächen Lore Maria sichtbar. Sie will eine Pause machen, sich ein wenig hinlegen. In ihr Spezialbett, in dem sie trotz ihrer acht Titan-Teile in der Wirbelsäule liegen und schlafen kann. Heute kommt dann nur noch der Pfleger, um die Stützstrümpfe abzuziehen, und dann ist Feierabend für sie. Morgen um 6 Uhr früh geht es dann wieder weiter. Erst die Medikamente alle einnehmen, die ihr die Ärzte so verschrieben haben. Gerne erwähnt sie wieder: „Schmerzmittel versuche ich aber keine mehr zu nehmen." Denn den entsetzten Satz der Arztes in der Reha-Klinik nach einem Jahr Charité vergisst sie nicht: „Sie sind ja voll von Chemie, das müssen wir als erstes mal langsam reduzieren, einfach ausschleichen. Schon damit wir wissen, wie Ihr wahrer körperlicher Zustand nach diesem Unfall und den Operationen so ist." Die Haare sind inzwischen ganz unkompliziert. „Bürste durch und Ende", und höchstens noch Haare färben und nachschneiden. Die Jahre der komplizierten Dutt-Frisuren sind vorbei. Das ginge auch gar nicht mehr. Denn das Ziel ist und bleibt, ihr Leben so Tag für Tag wieder besser in den Griff zu bekommen: „Morgens duschen, auf dem Spezialhocker anziehen", sagt sie mir immer wieder, „das geht noch ganz gut alleine." Dann kommt wieder der Pfleger mit den Stützstrümpfen, ein kleines Frühstück, das sie sich mit dem Rollator selbst aus dem Kühlschrank holt, ein

Käffchen aus dem Automaten und dann klingelt schon einer der drei Fahrer. Wieder ein voller Bürotag. Wieder Scheidungen und Kindschaftsrecht, wieder Unterhaltsfragen und Erbrecht. Aber wenigstens kein Gerichtstermin. „Denn", so gesteht sie dann doch: „Das ist immer ziemlich anstrengend." Auch an ihrem Schreibtisch in ihrer Prenzlauer-Berg-Wohnung stapeln sich die Akten. Ordentlich sortiert. Dahinter Fotos in Silberrahmen von den Enkelkindern. Aber wenn ich mir Lore Maria nach unserem Gespräch so ansehe, bleiben heute die Akten auf dem Schreibtisch liegen. Da fehlt dann doch dieser so tapferen Frau die Kraft. „Ich habe ein unglaubliches Schlafbedürfnis", erzählt sie mir, als ich mich verabschiede. „Wenn ich so zwischen sechs und sieben aus der Kanzlei nach Hause komme, bin ich ganz schön alle." Denn sie hat ja auch noch an vier Tagen die Woche „neben ihrem Job" den hochgeschätzten zusätzlichen Physiotherapeuten. Zwei Stunden lang, in denen er massiert, die Faszien löst und vor allem mit den Muskeln arbeitet. „Denn die sind ja, da ich kaum mehr laufen kann, ziemlich schwach." Und dennoch versucht sie immer, wenn ich komme, aus ihrem Spezialsessel aufzustehen, um mich zu umarmen. Es ist so berührend...

Ich wage dann doch noch einmal die Frage, ob all die vielen Kosten, die durch den Unfall entstanden sind, auch von der Krankenversicherung übernommen werden? Lore Maria kann mich noch einmal beruhigen:" Es ist ein Nullsummenspiel. Ich habe eine richterliche Versorgung. Nach 30 Jahren in diesem Beruf. Das ist meine Hauptversorgung. Da wird dann alles gegeneinander und aufgerechnet. Auch meine Versorgung nach elf Jahren als Senatorin in Hamburg und Berlin. Es bleibt nicht viel übrig. Denn den Physiotherapeuten und den Pfleger, den zahlt die Beihilfe nicht. Und auch die private Krankenversicherung nicht. Das sind dann schon 2000 Euro im Monat. Und meine Fahrer muss ich auch selbst zahlen. Aber: es geht um, das ist das Wichtigste." Lore Maria ist da ganz Juristin und sachlich. Den Leistungskatalog einer Versicherung könne man nicht ändern. Das weiß sie genau. „Die Frage ist ja nur, worin besteht der Leistungskatalog? Das, was ein Physiotherapeut eben so macht, also die Beweglichkeit wieder herstellen, das Gehen verbessern, mit der Patientin laufen, Übungen machen und vor allem Lymphdrainage, die ist sehr wichtig, das alles fällt nicht unter den Leistungskatalog."

Apropos Fahrer. Lore Maria als einst leidenschaftliche Autofahrerin und Rallye-Fahrerin muss sich also jetzt fahren lassen. Logisch mit diesen Verletzungen. Dabei ist und bleibt ihr Traum, mit Hilfe der Physiotherapie wieder so fit zu werden, dass sie wieder selbst fahren kann. Aber jetzt immer noch und unverändert: drei junge Fahrer, die die Tochter Andrea ja aufgetrieben hat, um ihre Mutter fahren zu lassen. „Ich sitze vorne daneben, schon wegen meiner langen Beine. Die fahren auch alle drei ganz ordentlich. Sehr unterschiedlich. Ich sage dann oft, da hinten sind drei Spuren, eine ist frei… Und frage, warum sie so langsam fahren… Na ja, so ist es halt."

Lore Maria wollte schon früh ein eigenes Auto haben. Vor allem um unabhängig zu sein. Das erste Auto war dann ein Fiat 600. Mit Schiebedach. Damit sie einen ihrer geliebten Hüte tragen konnte. Später kommt die Liebe zum Rallye-Fahren dazu. Zehn Jahre ließ sie in Deutschland keine Rallye aus… Immer mit einer Freundin an der Seite. Denn alleine geht das ja nicht: „Die muss lotsen, ich fahre", entschied Lore Maria. Viele Pokale haben die beiden gewonnen. So kam es auch, wie Lore Maria mit einem breiten Lächeln heute erzählt, dass sie Mitglied im Deutschen Damen Automobilclub wurde. Weil Elly Beinhorn da einst auch Mitglied war, ist Lore Maria begeistert eingetreten. Und sonst? Sport? „Nein, wirklich nicht, auch weil ich immer noch die Nazis in Erinnerung hatte, die so großen Wert auf Sport gelegt haben." So erinnert sie sich noch heute, dass sie ihre Mutter überredet habe, ihr ein Attest auszustellen, dass sie wegen „ihrer Schwäche" keinen Sport machen könne.

Eine zweite Leidenschaft ist und bleibt für die inzwischen schwer körperlich angeschlagene Lore Maria die Musik. „Ich habe mit Bach angefangen, das war mein Einstieg. So klar, so logisch geordnet. Wenn es mir so richtig übel geht, dann lege ich einen Bach auf, und dann kommt Ordnung in mein Leben, in meine Seele." Klavier hat sie nie gespielt. Überhaupt kein Instrument. „Das hat ja auch damit zu tun, was man kriegt. Ich habe darum auch nie Fahrradfahren gelernt. Denn als ich am 1. September 1939 zur Schule gekommen bin, begann der Weltkrieg. Es gab also weder Kinderfahrräder, noch ein Klavier." Aber nach wie vor tröstet sie Musik. Aber nicht mehr so intensiv wie einst. Denn Lore Maria sinniert: „Vielleicht habe ich auch gelernt, mit unguten Stimmungen anders fertig zu werden."

Neulich, erzählt sie weiter, sei sie im Konzert gewesen. Im Abschiedskonzert von Christoph Eschenbach. „Das war sehr schön, aber es ist halt auch mühsam für mich. Ich brauch immer jemanden, der mich im Rollstuhl hinschiebt und zurückschiebt. Das ist dann alles, wie der Hamburger sagt, so viel Umstand."

Kapitel 8

Israel, seine Demokratie und verbliebene Freunde

Fast 30-mal ist Lore Maria nach Israel gereist. „Ich liebe dieses Land und seine Menschen", sagt sie immer wieder. „Es ist so schrecklich, im Augenblick, die zerstören ihre Demokratie." Die Juristin erklärt auch gleich die Probleme: „Die haben kein Vierkammer-System. Das hat mit Montesquieu schon gar nichts mehr zu tun, mit der Gewaltenteilung." Hier kann sie sich richtig aufregen. Über Netanjahu, der wegen Korruption eigentlich verurteilt ist. Der jetzt mit seinen Hintertür-Aktionen verhindern will, dass er verurteilt wird. „Ich habe mich auch immer wieder von diesem wunderbaren Land inspirieren lassen, von dem Spirit in Jerusalem, vor allem auch von der Klagemauer." Mit ihrer Tochter Andrea war sie auch in Israel, hat im viel gelobten und schönen Hotel „American Colony" in Jerusalem gewohnt. Sie war auf den Golan-Höhen und in der Grabeskirche, sie hielt viele Vorträge an der Universität in Jerusalem. Ein Thema aus dieser Zeit bewegt Lore Maria bis heute: „Der Vergleich, wie die Alliierten mit den Nazi-Deutschen und den Gerichtsverfahren dieser Angeklagten umgegangen sind. Und dagegen der Eichmann-Prozess in Israel." Alle ihre Vorträge liegen in ihrem

Haus in Hamburg in einem großen Schrank. Weit weg von Berlin, wo sie heute lebt und wirkt. Hamburg ist aber in ihrem schwierigen Zustand kaum noch zu erreichen. Wie sich überhaupt der disziplinierte Alltag der jetzt über 90-jährigen Frau nicht einfach gestaltet. Aber: sie lässt nicht nach, sie gibt nicht auf. Gesteht dann auch mal zwischendurch, dass sie sich vor unseren Interviews gerne hinlegt. Aber: „Da kommt dann die Maria und ich bin schon wieder belebt. Das ist doch gut. Da sehen wir, was unser Kopf mit uns macht, oder? Und unsere Seele..."

Wir kommen auf Alice Schwarzer zu sprechen. Die unermüdliche Herausgeberin und Chefredakteurin der EMMA, die engagierte Kämpferin für die Frauenrechte. Und damit eng auch mit Lore Maria verbunden. Sind die beiden befreundet? „Nein, nicht im engen Sinne, das waren wir wahrscheinlich nie." Der „Stern" mit der Story „Wir haben abgetrieben" war wohl der Beginn ihrer Beziehung. Lore Maria hat Alice im Prozess gegen den „Stern" vertreten. Aber auch die wachsende Zahl der Pornographie-Veröffentlichungen hat die beiden umgetrieben. Das war dann die Geburtsstunde der Aktion „PorNO"... Lore Maria hat damals dann selbst den Gesetzentwurf formuliert für Schadensersatzansprüche im Zivilrecht. „Es ging uns ja nicht darum, die Leute zu bestrafen, wenn die Menschen Pornographisches anguckten oder veröffentlichten." Die beiden Frauen wollten einfach die Presse sauber halten von all diesen entsetzlichen Darstellungen. „Wir haben auch eine große Veranstaltung gemacht in Bonn vor der SPD-Fraktion, die auch damals voll dahinterstand." Und die Zeitschrift Emma, die hat Lore Maria natürlich von der ersten Ausgabe an abonniert. Und die Tochter Andrea hat auch ein Abo. „Das ist doch klar", erklärt sie mir. „Die hat eine Einzelstellung auf dem Pressemarkt, aber erstaunlich, dass sie immer noch keine Nachfolgerin gefunden hat." Das ist dann ein weites Feld in unserem Gespräch. Aber ganz schnell kommt Lore Maria auch wieder auf juristische Themen. Denn Alice schickt ihr oft Menschen in die Kanzlei, die ihre juristische Hilfe brauchen. Denen Unrecht geschehen ist, wie das Alice so nett formuliert. Da kann sie dann helfen und unterstützend zur Seite stehen.

Wie sie da so tapfer in ihrem Spezial-Stuhl sitzt, hin und wieder einen Schluck Wasser trinkt, berührt ihr Schicksal die Interviewerin tief. So kommt sie dann auch auf die Frage, ob ihr denn nach all dem auch Freunde geblieben seien? „Ich habe, ehrlicherweise, mehr Freundinnen als Freunde", gesteht Lore Maria. Und die seien ihr im Wesentlichen geblieben. Sie könne telefonieren, eine Mail schreiben, und zuweilen habe sie in ihrem dichten Terminplan auch eine Lücke für einen Besuch. „Aber ich kann halt all die Unternehmungen nicht mehr machen, die auch zu einer Freundschaft gehören." Zudem hätten wir doch alle in unserem Alter auch Freunde und Freundinnen, die nicht mehr so aktiv sein können. „Und", sagt sie ganz traurig, „es dünnt sich aus." Viele, viele Freunde und Freundinnen seien weggestorben. Eine einzige, beste Freundin habe sie nie gehabt. „Ich war wohl immer eher eine Einzelkämpferin." Sie gratulierte vor kurzem ihrem ältesten Freund, ihrer ersten großen Liebe mit 18 Jahren. Sie seien ein Jahrgang. Also schrieb sie ihm in ihrer präzisen, sehr kleinen und klaren Schrift. Er griff zum Telefonhörer und meinte nur: „Es ist doch ein Wunder, dass es uns beide noch gibt." Jetzt halten sie Kontakt. Er ist verheiratet und Lore Maria richtet auch immer liebe Grüße an seine Frau aus. Aber nach einem wehen Blick hinaus auf die Terrasse und über das Blumenmeer stellt sie eben auch fest: „Ich habe viele Freunde durch den Tod verloren."

Und viele, die man nicht als Freunde bezeichnen kann, kommen als Hilfesuchende. Da kommt viel Post aus dem ganzen Land und auch aus dem deutschsprechenden Ausland, die ihre bewährte jahrelange Sekretärin Nicolina Genna dann sortieren muss. „Das heißt dann Tante Lore…" Sie sei dann immer ganz höflich und freundlich. Das klingt so einfach, aber es kostet auch Zeit. „Viele bedanken sich dann tausendmal, selbst dann wenn ich gar nicht helfen konnte. Aber es zeigt mir auch, dass viele Menschen sehr einsam sind, nicht wissen, wie es rechtlich weitergehen könnte. „Immer wieder kommen auch Anfragen von Großeltern, die sich Gedanken um ihre Enkelkinder machen. Da muss ich dann immer sagen, dass Großeltern grundsätzlich kein Recht am Enkelkind haben."

Da kommt dann auch gleich ein Wort vor, das Lore Maria auch mit ihren nun über 90 Jahren total wütend macht: „Rabenmutter". Ein Wort, das es nur in der deutschen Sprache gibt, in keiner anderen auf dieser Welt. Sie erregt sich, weil es bis heute nicht ausgestorben ist. Weil es immer wieder auch in ihrer Kanzlei, in ihren Gesprächen mit Frauen und Männern vorkommt, wenn es um die Details einer Scheidung geht. Erstaunlicherweise erzählen davon vor allem jüngere Frauen, berichtet Lore Maria: „Zum Beispiel dann, wenn der Mann wild wird und sagt, das Kind macht Krach, oder gedeiht nicht, oder ist dauernd krank. Weil Du Dich nicht kümmerst, und eine Rabenmutter bist. Da musst Du Dich auch nicht wundern, wenn das Kind weint… Und so weiter." Das findet sie alles unverändert schlimm, sie hat es ja auch selbst erlebt, als geschiedene, alleinerziehende und voll berufstätige Mutter von drei Kindern. Sie sieht es an ihrer Tochter Andrea mit zwei Kindern. „Das ist wie ein permanentes Déjà-vu. Aber auch die sagte, damals mit 15 Jahren: „Mama, Du bist ja nie da." Das schneidet einem ins Herz, gesteht Lore Maria auch heute noch.

Kapitel 9

Hoffnungen für die Zukunft –
und dann das Ende

Positiv guckt sie in die Zukunft, heiter zurück auf ihren 90. Geburtstag, den sie mit über 100 ausgewählten Gästen in ihrem geliebten Berliner Capital Club gefeiert hat. Schick aufgemaschelt, wie immer. Den Rollstuhl und den Rollator ganz selbstverständlich dabei. Sie begrüßt am Eingang ihre Gäste; als ich komme, will sie gar aufstehen, was ich verhindern kann. Dann rollt sie mit ihrem Spezialstuhl nach den ersten Small-Talk-Runden an einen für sie extra vorbereiteten Redetisch und legt los:

Liebe Freundinnen und Freunde,
liebe Weggefährten und Weggefährtinnen,
liebe Kolleginnen und Kollegen,
meine liebe Familie,

von Herzen danke ich Ihnen und Euch dafür, dass Sie meiner Einladung zur heutigen Feier in so großer Zahl gefolgt sind. Darüber freue ich mich sehr, vielen herzlichen Dank!

Die Begrüßung meiner vielen Gäste ist extrem schwierig, weil wir so viele Zelebritäten hier haben, die alle angemessen und rangge-

mäß begrüßt sein wollen. Da ich dann aber ungefähr bis Weihnachten brauchen würde, beschränke ich mich – Ihr Einverständnis vorausgesetzt – auf drei Persönlichkeiten, die ich stellvertretend für alle anderen begrüßen möchte, und zwar wie folgt:

Als ersten nenne ich unseren ehemaligen Bundespräsidentin Joachim Gauck mit seiner Partnerin Daniela Schadt. Mein lieber Jochen, meine liebe Dani, ich freue mich ganz besonders, dass Ihr dabei seid. Vielen lieben Dank! Ich bin sehr froh, Euch hier zu sehen.

An zweiter Stelle begrüße ich Nikola Koritz. Nikola Koritz ist meine Nenn-Nichte, Anwältin aus Washington, D.C. und extra für den heutigen Tag über den Teich hier hergeflogen. Nikola ist die Tochter meiner besten Freundin Adelheid Koritz-Dormann, die viel zu früh verstorben ist, die viele von Ihnen noch kennen werden, und sie hat es sich nicht nehmen lassen, heute hier auf mich eine kleine Laudatio zu halten. Vielen lieben Dank, meine liebste Nikola!

Als dritten nenne ich Klaus von der Heyde mit seiner lieben Frau Ingrid. Mein lieber Klaus, ich erwähne Dich deswegen an dritter Stelle, weil Du und ich am selben Tag Geburtstag haben. Zwar liegen natürlich Welten zwischen uns, was den Jahrgang angeht, Du bist sozusagen gemessen an mir ein Kind, aber wir haben am selben Tag Geburtstag und das führt zu einer andauernden Seelenverwandtschaft. Seid also beide herzlich willkommen!

90 Jahre Rückblick: Ein langes Leben, in dem vieles passiert ist, Gutes und nicht so Gutes, Interessantes und nicht so Interessantes. Ich widerstehe der Versuchung, hier einen auch nur gekürzten Rückblick zu geben, weil auch dann die Gefahr bestünde, dass wir bis Weihnachten hier zusammenbleiben müssten. Ich will drei Ereignisse herausgreifen, alle aus jüngster Zeit:

Das erste mich sehr beschäftigende Ereignis ist der Angriffskrieg Russlands gegen die Ukraine. Das hat seinen Grund darin, dass ich selbst Kriegskind bin. Am 1. September 1939, dem Tag des Beginns des Zweiten Weltkrieges, wurde ich eingeschult und habe deswegen als Kind nicht nur die 6 Jahre Krieg hautnah miterlebt, sondern auch die fast noch schwierigeren 3 Jahre Nachkriegszeit mit Hunger und mangelnder Wohnung, usw. Dies alles stand wieder vor mir, als jetzt der Krieg mit der Ukraine unmittelbar vor unseren Haustüren begann, für mich nach wie vor unbegreiflich und dennoch brandgefährlich. Ich hoffe mit Ihnen allen, dass sich bald eine gute und friedliche Lösung finden lässt.

Das zweite Event liegt in dem Umstand, dass ich mit meinen zarten 86 Jahren beschlossen habe, mich selbstständig zu machen und eine eigene Kanzlei zu gründen. Seit Frühjahr 2019 sitzen meine Kolleginnen Fahrenbach, Breuer und ich in einer sehr schönen Kanzlei über dem Kurfürstendamm mit Blick über die Dächer des Kurfürstendamms, und freuen uns bis heute jeden Tag, dass wir diesen Schritt getan haben.

Besonders danke ich meinen Kolleginnen, dass sie meinen Teil der gemeinsamen Kanzlei mitgetragen und aufs Beste verwaltet haben, als ich aus Gründen, auf die ich gleich zu sprechen komme, eine Zeit lang ausfallen musste. Für diese Zeit danke ich besonders auch meiner langjährigen Mitarbeiterin Frau Genna, die ebenso wie die Kolleginnen Fahrenbach und Breuer mein ganzes Dezernat aufs Beste verwaltet und weitergeführt hat, bis ich selbst es im Januar 2020 wieder übernehmen konnte. Herzlichen Dank an alle drei!

Das dritte Ereignis ist – wie eben schon erwähnt – ein böser unverschuldeter Verkehrsunfall im Februar 2019. Mich hat als Fußgängerin ein Lastwagen, der zurücksetzte, ohne mich zu sehen, zunächst umgestoßen und dann mit den Hinterrädern des Lastwagens überrollt. Das führte zu erheblichen Verletzungen und dazu, dass ich fast ein Jahr stationär behandelt werden musste. Die Folge ist weitgehend behoben, aber geblieben sind eine Reihe gebrochener Wirbel mit der Folge, dass ich krumm gehe, so etwa wie die Hexe in Hänsel und Gretel, was nicht schön ist, aber da der Mensch ja nicht mit dem Rücken denkt, sondern mit dem Kopf, und Letzterer Gott sei Dank heil geblieben ist, bin ich seit Januar 2020 wieder im Dienst in meiner Kanzlei und danke dem Schicksal, dass alles dennoch so gut abgelaufen ist.

Als ich 80 Jahre alt wurde, hatten wir ebenfalls eine schöne Feier und in meiner kleinen Begrüßungsrede habe ich darauf hingewiesen, dass jetzt das Zeitalter des „Noch" und des „Nicht mehr" beginnt. „Wie lange arbeitest Du denn noch? Das hast Du doch nicht mehr nötig." Diese Frage wird mir inzwischen nicht mehr gestellt, vermutlich, weil die Fragesteller und Fragestellerinnen die Hoffnung verloren haben, eine konkrete Antwort zu bekommen; und deswegen wiederhole ich, was ich vor 10 Jahren gesagt habe: Open end, so lange wie es Spaß macht, so lange wie Mandanten kommen, so lange ich das Ganze vernünftig betreiben kann, will ich das gerne weiter tun und sage deswegen fröhlich:

Auf die nächsten 10 Jahre, etwa wie Queen Mum, die Mutter der soeben verstorbenen Queen Elisabeth, die 102 Jahre alt wurde und dies vor allen Dingen mit Hilfe eines ordentlichen Schlucks Gin geschafft hat. Ob ich mich dieses Hilfsmittels auch bedienen sollte, habe ich noch nicht entschieden. Im Augenblick geht es noch ohne Gin, und in diesem Sinne wünsche ich Ihnen allen weiterhin ein langes, erfolgreiches, glückliches Leben und danke Ihnen sehr für Ihre Aufmerksamkeit.

Es war ein rauschendes Fest zu ihren Ehren. Bei dem natürlich auch viel über ihren beeindruckenden beruflichen Weg gesprochen wurde. Wie sie in Freiburg als Anwältin begonnen hat, wo sie nicht wegwollte. Aber als die Hamburger so „herumgequakt" haben, so nennt sie das. Und spricht vom berühmten Fingerzeig, der sie 31 Jahre zur Hamburger Richterin gemacht hat. „Ein toller Beruf, man ist so selbstständig und frei in allem, was man macht. Mit so vielen Gestaltungsmöglichkeiten. Da habe ich auch begonnen, für den Juristinnenbund zu arbeiten. Eine Phase, in der zudem viele Gesetze entstanden sind aus meiner Hand, zum Beispiel das mit der Teilzeitarbeit." Das bis heute in Hamburg als Lex Peschel-Gutzeit benannt wird. Den Hamburger Politikern blieb die engagierte und erfolgreiche Richterin nicht verborgen. So wurde sie quasi über Nacht Senatorin für Justiz. Und erzählt mir eine nette Anekdote aus ihren Anfangstagen. „Denn Du hast in den Anfangstagen nicht so viel Zeit, bevor Du untergehst… Du bist umgeben von Piranhas." Lore Maria vergisst darum bis heute nicht, dass sie ein NDR-Journalist ansprach und bedauernd fragte: „Warum geben Sie keine Interviews?" Die frischgebackene Senatorin ist irritiert und fragt nach. Ihr Pressesprecher habe den Journalisten erklärt, dass die neue Senatorin keine Interviews geben würde. „Na, den habe ich mir kommen lassen und gefragt, wie er auf eine solche Lüge denn käme? Ob der Grund sei, dass er alle Interviews selbst geben möchte?" Dieser Fall war schnell geklärt und von ihren Anfängen als Senatorin weiß Lore Maria vor allem eines: jeden Morgen liegt ein kleines Häufchen Sägemehl unter Deinem Stuhl… Weil wieder einer dabei ist, daran zu sägen…" An ihren Fahrer hat sie liebevolle Erinnerungen. Denn der brachte immer die Zeitungen mit, wenn er sie am Morgen abholte. Und sagt dann schon manchmal: „Also die Morgenpost lesen Sie mal lieber nicht, die ist heute unerfreulich…" Dabei lacht sie herzlich, und gesteht, dass sie jetzt, mit ihren knapp 91 Jahren, keine großen Wünsche mehr an die Zukunft hat. Das könne man auch nicht haben, in ihrem Alter. So wünsche sie sich eigentlich nur, dass es in Ruhe so weiter geht wie bisher. Dass sie bald wieder besser laufen kann, und damit selbstständiger werden würde. Und ein großer Wunsch der leidenschaftlichen Autofahrerin: „Dass ich auch eines Tages wieder Auto fahren kann…" Auch um wieder unabhängiger von drei Fahrern und dem Pflegepersonal zu werden. Dass ihre Kanzlei weiter so dahinplätschert, damit sie wie die Österreicher sagen kann: Es geht sich aus.

Ganz zum Schluss dann doch noch ein Gedanke und eine Hoffnung: „Ich wünsche mir mehr Zeit und Kraft für die Enkelkinder. Andrea hat zwei, da besucht mich dann manchmal der Simon". Versonnen blickt sie jetzt wieder hinaus auf ihre Blumenterrasse. Mit dem 15-jährigen Jungen unterhält sie sich über Politik. Aber er ist auch voller Mitgefühl und Verständnis für die immer noch so sehr angeschlagene Großmutter. Wenn sie dann gesteht, dass sie müde ist, sich hinlegen will, will dieser Simon auch gleich helfen. „Das ist so süß, so toll" – die Großmutter ist wohl auch richtig stolz auf den Enkelsohn. „Man ist auch nicht mehr so dramatisch verantwortlich, es gibt eine gute Distanz. Und die eigene Tochter braucht als Letztes eine Mutter, die sich da einmischt."

Doch dann springt sie vom Privaten doch noch mal in die aktuelle Politik. Sie kann und mag es nicht begreifen, dass 90 Prozent aller Russen hinter Putin stehen. Dass es keinen Aufstand der Mütter gibt, die ihre Söhne in den Krieg ziehen sehen und sehr oft nicht mehr lebend in den Armen halten dürfen. „Wir pulvern und pulvern als Europäer Geld in diesen Krieg, aber ein Drittel des Landes ist schon zerstört. Womöglich wird die Ukraine dann doch eines Tages einen Teil abgeben. Nur: den Rest wieder aufzubauen, das wird kaum möglich sein." Lore Maria ist sichtlich müde. Es waren dann doch schon wieder über zwei Stunden, in denen sie erzählt hat, mit dem Blick zurück und voraus. Ich packe mein iPhone in die Tasche, bringe ihr noch einen Tee und verabschiede mich. Nicht ahnend, dass es das letzte Mal sein wird, dass ist sie erlebe.

Am darauffolgenden Samstag lässt sie sich mal wieder in die Kanzlei fahren. Die Arbeit stapelt sich bei ihr wieder auf dem schönen Mahagoni-Schreibtisch. Dann stürzt sie, anscheinend ist der Rollator davongerutscht. Erst nach zwei Stunden findet sie eine Kollegin. Aber im Krankenhaus mag ihr geschundener Körper nicht mehr mitmachen. Eine zweite Embolie und – das Ende.

Als zwei Tage später mein iPhone klingelt und ihr Name auf dem Display erscheint, hoffte ich ihre Stimme zu hören. Aber die völlig aufgelöste Sekretärin Nicolina Gemma stammelt nur verzweifelt: „Frau Peschel-Gutzeit ist verstorben."

Nachruf

Eigentlich wollte sie ihren 91. Geburstag in wenigen Wochen noch mal groß feiern. So wie ihren 90. Im Berliner Capital-Club: die Juristin und Frauenrechtlerin Dr. Lore Maria Peschel-Gutzeit. Aber jetzt war plötzlich alles zu Ende: ein Sturz vom Rollstuhl in ihrem Büro, lange Zeit niemand, der ihr aufhalf, dann eine Embolie und in der Klinik dann der Tod. In den letzten Wochen durfte ich sie nochmals interviewen. Nach dem schrecklichen Unfall 2019 an einer Tankstelle, als ein junger LKW-Fahrer sie rückwärts überfuhr. Ein Jahr Charité und Reha, keiner glaubte, dass sie das überhaupt schaffen würde. Als die Polizei zu diesem schrecklichen Unfall kam, fragten sie die schwer verletzte Frau, ob sie denn Anzeige gegen den Fahrer erstatten wolle. Der auf einer Bank von Weinkrämpfen geschüttelt saß. Aber das wollte sie nicht, sie wollte nicht seine Zukunft zerstören, wie sie im Interview erklärt. Aber die Juristin ist und bleibt eine Kämpferin.

Im Rollstuhl und am Rollator, mühsam gebückt gehend, war sie dann nur ein Jahr später wieder drei Tage die Woche in ihrer neuen Kanzlei am Kurfürstendamm 63. Es war wie ein Wunder. Voller Humor beschrieb sie ihren Gang an ihrem 90. Geburtstag „wie die Hexe in Hänsel und Gretel". Schließlich hatten ihr die Ärzte an acht zerbrochenen Rückenwirbeln Titan implantiert. So litt sie unverändert an heftigen Schmerzen. Aber wollte auch keine Tabletten mehr einnehmen. Dazu trug sie Stützstrümpfe, die ihr jeden Morgen und Abend ein Pfleger an- und auszog. Auch damit sie in ihre Kanzlei fahren konnte.

Mir sagte sie im Interview: „Meine Mandanten wollen von mir persönlich betreut werden." Also ließ sie sich von drei jungen Fahrern nicht nur in die Kanzlei, sondern auch zu Gericht fahren. Vorausgesetzt das Gericht ist barrierefrei. Ihre Fälle wurden immer mehr.

Vor allem rund um das Familienrecht. Schließlich präsentierte sie mit ihrem Wissen, ihrem Können das geballte Frauenrecht, war die Gleichberechtigung in Person. Nicht umsonst hat sie ihr Buch schon im Jahr 2012 betitelt: „Selbstverständlich gleichberechtigt". Ihr Motto nach 30 Jahren als Richterin und dann als erste Senatspräsidentin des Hanseatischen Oberlandesgerichts in Hamburg. Dann der Sprung in die Politik als Justiz-Senatorin in ihrer Heimatstadt. Schließlich ebenfalls Justiz-Senatorin in Berlin, und schließlich als Fachanwältin in der Berliner Kanzlei Kärgel/de Maizière.

An ein Aufhören hat sie nie gedacht, Ruhestand oder Pensionisten-Dasein, das war nicht und nie ihr Ding. Unzählige Gesetze hat sie auf den Weg gebracht, diese im Bundestag vertreten, als Vorsitzende des Deutschen Juristinnenbundes für Parité, also Gleichheit in den Parlamenten gekämpft. Sich dafür eingesetzt, dass die Kinderrechte endlich ins Grundgesetz aufgenommen werden können und dass pflegende Frauen einen Rentenanspruch gewinnen.

Das Ehegattensplitting war ihr ein Dorn im Auge, wie kann es denn gerecht sein, so argumentierte sie noch wenige Wochen vor ihrem Tod, dass die Männer das große Geld verdienen, die Frauen zu Hause sind und nicht arbeiten und das Ganze dann zusammengerechnet wird bei der Steuer. Zum Wohle des Mannes.

Die drei Kinder aus ihrer zweiten Ehe sind „groß", aber nicht nur sie werden ihre Mutter vermissen. Denn Lore Maria Peschel-Gutzeit ist und bleibt in unser aller Erinnerung eine außergewöhnliche, einfach wunderbare Frau. Adieu, Lore Maria. Du hast für die Frauen in diesem Lande so viel bewegt."

Erschienen am 5. September 2023 in der Bild Hamburg und bundesweit online.